科学家学术成长资料采集工程
中国科学院院士传记丛书

大洋领航
胡敦欣传

卢明生 林宁 李渊玮 ◎ 著

- **1936年** 出生于山东即墨
- **1956年** 考入山东大学海洋系
- **1961年** 考入中国科学院海洋研究所 师从毛汉礼攻读研究生
- **1977年** 发现东海冷涡
- **1979年** 赴美国访学
- **1990年** 发现棉兰老潜流
- **2010年** 正式发起NPOCE国际合作计划

老科学家学术成长资料采集工程
中国科学院院士传记丛书

西太领航
胡敦欣 传

卢明生 林宁 李渊玮 ◎ 著

中国科学技术出版社
·北京·

图书在版编目（CIP）数据

西太领航：胡敦欣传/卢明生，林宁，李渊玮著.——北京：中国科学技术出版社，2025.5.——（老科学家学术成长资料采集工程丛书）（中国科学院院士传记丛书）.
ISBN 978-7-5236-1387-0

Ⅰ.K826.16

中国国家版本馆CIP数据核字第20254RU756号

责任编辑	李双北
责任校对	焦　宁
责任印制	徐　飞
版式设计	中文天地

出　　版	中国科学技术出版社
发　　行	中国科学技术出版社有限公司
地　　址	北京市海淀区中关村南大街16号
邮　　编	100081
发行电话	010-62173865
传　　真	010-62173081
网　　址	http://www.cspbooks.com.cn

开　　本	787mm×1092mm　1/16
字　　数	216千字
印　　张	14.25
版　　次	2025年5月第1版
印　　次	2025年5月第1次印刷
印　　刷	北京顶佳世纪印刷有限公司
书　　号	ISBN 978-7-5236-1387-0/K·482
定　　价	128.00元

（凡购买本社图书，如有缺页、倒页、脱页者，本社销售中心负责调换）

老科学家学术成长资料采集工程专家委员会

主　任：韩启德
委　员：（以姓氏拼音为序）
　　　　陈佳洱　方　新　傅志寰　李静海　刘　旭
　　　　齐　让　王进展　王礼恒　赵沁平

老科学家学术成长资料采集工程丛书组织机构

特邀顾问（以姓氏拼音为序）
　　樊洪业　方　新　谢克昌

编　委　会
　主　编：老科学家学术成长资料采集工程领导小组办公室
　编　委：（以姓氏拼音为序）
　　　　艾素珍　陈维成　定宜庄　董庆九　胡化凯
　　　　胡宗刚　吕瑞花　孟令耘　潘晓山　秦德继
　　　　阮　草　谭华霖　王扬宗　熊卫民　姚　力
　　　　张大庆　张　剑　张　藜　周德进

编委会办公室
　主　任：董　阳　董亚峥
　副主任：韩　颖
　成　员：（以姓氏拼音为序）
　　　　高文静　胡艳红　李　梅　刘如溪　罗兴波
　　　　王传超　张珩旭　张佳静

老科学家学术成长资料采集工程简介

老科学家学术成长资料采集工程（以下简称"采集工程"）是根据国务院领导同志的指示精神，由国家科教领导小组于2010年正式启动，中国科协牵头，联合中组部、教育部、科技部、工信部、财政部、文化部、国资委、解放军总政治部、中国科学院、中国工程院、国家自然科学基金委员会等11部委共同实施的一项抢救性工程，旨在通过实物采集、口述访谈、录音录像等方法，把反映老科学家学术成长历程的关键事件、重要节点、师承关系等各方面的资料保存下来，为深入研究科技人才成长规律，宣传优秀科技人物提供第一手资料和原始素材。

采集工程是一项开创性工作。为确保采集工作规范科学，启动之初即成立了由中国科协主要领导任组长、12个部委分管领导任成员的领导小组，负责采集工程的宏观指导和重要政策措施制定，同时成立领导小组专家委员会负责采集原则确定、采集名单审定和学术咨询，委托科学史学者承担学术指导与组织工作，建立专门的馆藏基地确保采集资料的永久性收藏和提供使用，并研究制定了《采集工作流程》《采集工作规范》等一系列基础文件，作为采集人员的工作指南。截至2021年8月，采集工程已启动592位科学家的学术成长资料采集项目，获得实物原件资料132922件、数字化资料318092件、视频资料443783分钟、音频资料527093分钟，具有重要的史料价值。

采集工程的成果目前主要有三种体现形式，一是建设"中国科学家博物馆网络版"，提供学术研究和弘扬科学精神、宣传科学家之用；二是编辑制作科学家专题资料片系列，以视频形式播出；三是研究撰写客观反映老科学家学术成长经历的研究报告，以学术传记的形式，与中国科学院、中国工程院联合出版。随着采集工程的不断拓展和深入，将有更多形式的采集成果问世，为社会公众了解老科学家的感人事迹，探索科技人才成长规律，研究中国科技事业的发展历程提供客观翔实的史料支撑。

总序一

中国科学技术协会主席 韩启德

老科学家是共和国建设的重要参与者，也是新中国科技发展历史的亲历者和见证者，他们的学术成长历程生动反映了近现代中国科技事业与科技教育的进展，本身就是新中国科技发展历史的重要组成部分。针对近年来老科学家相继辞世、学术成长资料大量散失的突出问题，中国科协于2009年向国务院提出抢救老科学家学术成长资料的建议，受到国务院领导同志的高度重视和充分肯定，并明确责成中国科协牵头，联合相关部门共同组织实施。根据国务院批复的《老科学家学术成长资料采集工程实施方案》，中国科协联合中组部、教育部、科技部、工业和信息化部、财政部、文化部、国资委、解放军总政治部、中国科学院、中国工程院、国家自然科学基金委员会等11部委共同组成领导小组，从2010年开始组织实施老科学家学术成长资料采集工程。

老科学家学术成长资料采集是一项系统工程，通过文献与口述资料的搜集和整理、录音录像、实物采集等形式，把反映老科学家求学历程、师承关系、科研活动、学术成就等学术成长中关键节点和重要事件的口述资料、实物资料和音像资料完整系统地保存下来，对于充实新中国科技发展的历史文献，理清我国科技界学术传承脉络，探索我国科技发展规律和科技人才成长规律，弘扬我国科技工作者求真务实、无私奉献的精神，在全社会营造爱科学、学科学、用科学的良好氛围，是一件很有意义的事情。采集工程把重点放在年龄在 80 岁以上、学术成长经历丰富的两院院士，以及虽然不是两院院士、但在我国科技事业发展中作出突出贡献的老科技工作者，充分体现了党和国家对老科学家的关心和爱护。

自 2010 年启动实施以来，采集工程以对历史负责、对国家负责、对科技事业负责的精神，开展了一系列工作，获得大量反映老科学家学术成长历程的文字资料、实物资料和音视频资料，其中有一些资料具有很高的史料价值和学术价值，弥足珍贵。

以传记丛书的形式把采集工程的成果展现给社会公众，是采集工程的目标之一，也是社会各界的共同期待。在我看来，这些传记丛书大都是在充分挖掘档案和书信等各种文献资料、与口述访谈相互印证校核、严密考证的基础之上形成的，内中还有许多很有价值的照片、手稿影印件等珍贵图片，基本做到了图文并茂，语言生动，既体现了历史的鲜活，又立体化地刻画了人物，较好地实现了真实性、专业性、可读性的有机统一。通过这套传记丛书，学者能够获得更加丰富扎实的文献依据，公众能够更加系统深入地了解老一辈科学家的成就、贡献、经历和品格，青少年可以更真实地了解科学家、了解科技活动，进而充分激发对科学家职业的浓厚兴趣。

借此机会，向所有接受采集的老科学家及其亲属朋友，向参与采集工程的工作人员和单位，表示衷心感谢。真诚希望这套丛书能够得到学术界的认可和读者的喜爱，希望采集工程能够得到更广泛的关注和支持。我期待并相信，随着时间的流逝，采集工程的成果将以更加丰富多样的形式呈现给社会公众，采集工程的意义也将越来越彰显于天下。

是为序。

总序二

中国科学院院长　白春礼

由国家科教领导小组直接启动，中国科学技术协会和中国科学院等12个部门和单位共同组织实施的老科学家学术成长资料采集工程，是国务院交办的一项重要任务，也是中国科技界的一件大事。值此采集工程传记丛书出版之际，我向采集工程的顺利实施表示热烈祝贺，向参与采集工程的老科学家和工作人员表示衷心感谢！

按照国务院批准实施的《老科学家学术成长资料采集工程实施方案》，开展这一工作的主要目的就是要通过录音录像、实物采集等多种方式，把反映老科学家学术成长历史的重要资料保存下来，丰富新中国科技发展的历史资料，推动形成新中国的学术传统，激发科技工作者的创新热情和创造活力，在全社会营造爱科学、学科学、用科学的良好氛围。通过实施采集工程，系统搜集、整理反映这些老科学家学术成长历程的关键事件、重要节点、学术传承关系等的各类文献、实物和音视频资料，并结合不同时期的社会发展和国际相关学科领域的发展背景加以梳理和研究，不仅有利于深入了解新中国科学发展的进程特别是老科学家所在学科的发展脉络，而且有利于发现老科学家成长成才中的关键人物、关键事件、关键因素，探索和把握高层次人才培养规律和创新人才成长规律，更有利于理清我国科技界学术传承脉络，深入了解我国科学传统的形成过程，在全社会范围内宣传弘扬老科学家的科学思想、卓越贡献和高尚品质，推动社会主义科学文化和创新文化建设。从这个意义上说，采集工程不仅是一项文化工程，更是一项严肃认真的学术建设工作。

中国科学院是科技事业的国家队，也是凝聚和团结广大院士的大家庭。早在1955年，中国科学院选举产生了第一批学部委员，1993年国务院决定中国科学院学部委员改称中国科学院院士。半个多世纪以来，从学部委员到院士，经历了一个艰难的制度化进程，在我国科学事业发展史上书写了浓墨重彩的一笔。在目前已接受采集的老科学家中，有很大一部分即是上个世纪80、90年代当选的中国科学院学部委员、院士，其中既有学科领域的奠基人和开拓者，也有作出过重大科学成就的著名科学家，更有毕生在专门学科领域默默耕耘的一流学者。作为声誉卓著的学术带头人，他们以发展科技、服务国家、造福人民为己任，求真务实、开拓创新，为我国经济建设、社会发展、科技进步和国家安全作出了重要贡献；作为杰出的科学教育家，他们着力培养、大力提携青年人才，在弘扬科学精神、倡树科学理念方面书写了可歌可泣的光辉篇章。他们的学术成就和成长经历既是新中国科技发展的一个缩影，也是国家和社会的宝贵财富。通过采集工程为老科学家树碑立传，不仅对老科学家们的成就和贡献是一份肯定和安慰，也使我们多年的夙愿得偿！

鲁迅说过，"跨过那站着的前人"。过去的辉煌历史是老一辈科学家铸就的，新的历史篇章需要我们来谱写。衷心希望广大科技工作者能够通过"采集工程"的这套老科学家传记丛书和院士丛书等类似著作，深入具体地了解和学习老一辈科学家学术成长历程中的感人事迹和优秀品质；继承和弘扬老一辈科学家求真务实、勇于创新的科学精神，不畏艰险、勇攀高峰的探索精神，团结协作、淡泊名利的团队精神，报效祖国、服务社会的奉献精神，在推动科技发展和创新型国家建设的广阔道路上取得更辉煌的成绩。

总序三

中国工程院院长　周　济

由中国科协联合相关部门共同组织实施的老科学家学术成长资料采集工程，是一项经国务院批准开展的弘扬老一辈科技专家崇高精神、加强科学道德建设的重要工作，也是我国科技界的共同责任。中国工程院作为采集工程领导小组的成员单位，能够直接参与此项工作，深感责任重大、意义非凡。

在新的历史时期，科学技术作为第一生产力，已经日益成为经济社会发展的主要驱动力。科技工作者作为先进生产力的开拓者和先进文化的传播者，在推动科学技术进步和科技事业发展方面发挥着关键的决定的作用。

新中国成立以来，特别是改革开放30多年来，我们国家的工程科技取得了伟大的历史性成就，为祖国的现代化事业作出了巨大的历史性贡献。两弹一星、三峡工程、高速铁路、载人航天、杂交水稻、载人深潜、超级计算机……一项项重大工程为社会主义事业的蓬勃发展和祖国富强书写了浓墨重彩的篇章。

这些伟大的重大工程成就，凝聚和倾注了以钱学森、朱光亚、周光召、侯祥麟、袁隆平等为代表的一代又一代科技专家们的心血和智慧。他们克服重重困难，攻克无数技术难关，潜心开展科技研究，致力推动创新发展，为实现我国工程科技水平大幅提升和国家综合实力显著增强作出了杰出贡献。他们热爱祖国，忠于人民，自觉把个人事业融入到国家建设大局之中，为实现国家富强而不断奋斗；他们求真务实，勇于创新，用科技为中华民族的伟大复兴铸就了辉煌；他们治学严谨，鞠躬尽瘁，具有崇高的科学精神和科学道德，是我们后代学习的楷模。科学家们的一生是一本珍贵的教科书，他们坚定的理想信念和淡泊名利的崇高品格是中华民族自强不息精神的宝贵财富，永远值得后人铭记和敬仰。

通过实施采集工程，把反映老科学家学术成长经历的重要文字资料、实物资料和音像资料保存下来，把他们卓越的技术成就和可贵的精神品质记录下来，并编辑出版他们的学术传记，对于进一步宣传他们为我国科技发展和民族进步作出的不朽功勋，引导青年科技工作者学习继承他们的可贵精神和优秀品质，不断攀登世界科技高峰，推动在全社会弘扬科学精神，营造爱科学、讲科学、学科学、用科学的良好氛围，无疑有着十分重要的意义。

中国工程院是我国工程科技界的最高荣誉性、咨询性学术机构，集中了一大批成就卓著、德高望重的老科技专家。以各种形式把他们的学术成长经历留存下来，为后人提供启迪，为社会提供借鉴，为共和国的科技发展留下一份珍贵资料。这是我们的愿望和责任，也是科技界和全社会的共同期待。

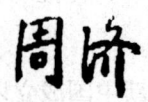

周济

胡敦欣

2010年5月30日，胡敦欣领衔发起的"西北太平洋海洋环流与气候实验"（NPOCE）启动大会在青岛召开

2021年5月21日，胡敦欣、徐贤义与采集小组合影
（后排左起：李渊玮、岳晓峰、卢明生、杜湄山、林宁、马一心，门翔摄）

序

胡敦欣院士是我国海洋环流、海洋通量等多个研究领域的领军人物，是完整经历新中国海洋事业发展各阶段的科学家的杰出代表。他以严谨的治学精神和顽强的攻关意志，在其学术研究领域取得了许多重大成就，在国内外获得了很高的声誉，培养了一代又一代海洋学子。

胡敦欣院士1961年开始涉足海洋科学，此后60余年矢志不渝，在陆架和大洋动力学研究方面取得了一系列重要的科研成果和理论创新，开创了我国海洋通量、陆海相互作用和西太平洋海洋环流与气候研究的先河，是新中国海洋科技发展的亲历者、推动者和杰出代表。他早期主要从事中国陆架环流动力学、海洋通量和陆海相互作用研究，提出了浙江沿岸上升流的非风生机制，改变了风生机制的传统观念；发现了"东海冷涡"，开启了我国陆架理论中尺度涡研究；提出"上升流不穿过冷水团"的黄海冷水团环流理论，发现并提出"陆架上凡有上升流的地方，海底沉积必为软泥"的科学事实和论断，推进了物理海洋学科和海洋交叉学科研究的发展。他在国际上率先开展陆架海洋通量研究，得出"东海是大气二氧化碳汇区"的重要结论；组织开展了我国第一项陆海相互作用研究。

从20世纪80年代中期开始，胡敦欣院士积极倡导"挺进大洋"，致力于西太平洋海洋环流与气候研究。通过多次大型海洋调查研究，他在太平洋发现了棉兰老潜流、吕宋潜流、北赤道潜流三支大洋西边界潜流，这是中国人第一次在大洋发现并命名洋流。21世纪初，他带领国内外专家发起了"西北太平洋海洋环流与气候实验"（NPOCE）国际合作计划，取得了观测研究的突破和新的科学发现，奠定了中国在该领域的国际引领地位。

在几十年如一日忘我工作的同时，胡敦欣院士还时刻关注国际海洋科学发展动态，不断扩展研究领域。他在国际地圈-生物圈计划（IGBP）和世界气候研究计划（WCRP）的有关国际学术组织任职期间，积极参与国际海洋学前沿研究的科学指导活动，把国际海洋学前沿研究引入中国，推动了我国海洋科学的发展。

我于1985—1995年就读于中国海洋大学物理海洋学专业，1995年起跟随胡院士做博士后研究，从此成为他的学生。他的治学精神和高尚品德一直是我从事科学研究和待人处世的楷模，鼓励我奋勇前进。

一个求真的人，自然也是"权威的颠覆者"。胡院士的很多科学研究成果都是在打破陈规基础上的新发现。"我也希望自己的理论被更新的发现取代，只有这样，科学才能发展，社会才能进步。"他是用学科发展的眼光来看待权威的。"吾爱吾师，吾尤爱真理。""虽千万人，吾往矣。"

胡院士十分注重培养学生的主动思考能力，经常强调培养学生主动思考能力的教育方式非常重要。中国学生主动思考能力普遍较差，老师讲什么总爱说"对"。针对这一点，他曾故意讲错一个结论，当学生附和说"对"的时候，他就要求学生再仔细想想，到底对还是不对，结果就有学生发现了他的"错误"。时间长了，学生就养成了独立思考的习惯。他鼓励学生打破"师道尊严"的传统，勇于挑战前人，只有这样，求真务实的学风才会根植于青年学者的心中，并世世代代传承下去，中国的科学才会有希望。

老骥伏枥，志在千里。胡敦欣院士虽早已年过八旬，仍孜孜不倦，奋斗在科研第一线。2015年6月他领衔在《自然》（Nature）期刊上发表了《太平洋西边界流及其气候效应》（Pacific Western Boundary Currents and Their Roles in Climate），这是该期刊发表的第一篇有关太平洋海洋环流与气候的评述文章，也是我国发表在该期刊上的第一篇海洋领域综述性论文。

说起院士的称号和不平凡的成果时，胡敦欣总是保持着谦和的态度。他有一个著名的"三分说"：今天的成绩是三个部分共同努力的结果。其中，50%归国家的培养以及领导、同事的帮助，30%归夫人的支持，自己的付出只占20%。他淡泊名利，心态从容，让周围的人领略到何为"身正为范"。

谨祝胡院士身体健康，科学之树常青！

王　凡

中国科学院大学海洋学院院长

中国科学院海洋研究所所长

2023年11月3日

目　录

老科学家学术成长资料采集工程简介

总序一 ……………………………………………… 韩启德

总序二 ……………………………………………… 白春礼

总序三 ……………………………………………… 周　济

序 ………………………………………………………… 王　凡

导　言 …………………………………………………………… 1

第一章　家庭启蒙　品学兼优 ……………………………… 5

　　快乐童年 …………………………………………………… 6
　　私塾启蒙 …………………………………………………… 9
　　即墨中学的"三好学生" ………………………………… 12
　　国家的需要就是我的志愿 ………………………………… 19

| 第二章 | 八关山下　结缘大海 ·· 21

山东大学海洋系 ·· 21
初识海洋 ·· 26
参加第一次全国海洋普查 ·· 32
获评"五好队员" ·· 41

| 第三章 | 立志科研　拜师大家 ·· 44

山东海洋学院 ·· 44
师从毛汉礼 ··· 48
先立业后成家 ·· 58

| 第四章 | 艰难岁月　初露才华 ·· 61

天津农场劳动 ·· 61
浙江沿岸上升流研究 ·· 64
发现东海冷涡 ·· 70

| 第五章 | 锐意进取　潜心洋流 ·· 76

走出国门 ·· 77
赴美访学 ·· 83
挺进西太平洋 ·· 90
发现棉兰老潜流 ··· 97

| 第六章 | 不断创新　解密大洋 ·· 108

海洋通量研究开新篇 ·· 108
海岸带陆海相互作用研究拓新域 ··································· 118
当选院士 ··· 123

| 第七章 | 引领西太　走向国际 · 127

　　牵头发起 NPOCE 国际合作计划 · · · · · · · · · · · · · · · · · · 127
　　布放首套深海潜标 · 138
　　建设西太平洋潜标观测网 · 143

| 第八章 | 传道授业　情系海洋 · 150

　　人才成长的牛顿第二定律 · 150
　　到海上去，到最好的科研院所去 · · · · · · · · · · · · · · · · · 159
　　百分之三十要归功于老伴 · 162
　　海洋科普乐趣多 · 164

结　语　耕海探洋　为国争光 · 169

附录一　胡敦欣年表 · 177

附录二　胡敦欣论著目录 · 194

参考文献 · 197

后　记 · 198

图片目录

图 1-1　即墨古城门牌楼 ··· 5
图 1-2　石泉村石磨坑遗址 ··· 6
图 1-3　胡敦欣的父亲胡涧本 ··· 7
图 1-4　胡敦欣的母亲胡黄氏 ··· 7
图 1-5　20 世纪 50 年代初的即墨中学 ·· 13
图 1-6　2018 年 5 月 1 日，胡敦欣参加即墨一中同学会理事会议 ········ 14
图 1-7　初中时期的胡敦欣 ·· 15
图 1-8　胡敦欣的高中成绩单 ··· 16
图 1-9　2010 年 8 月 3 日，胡敦欣和高中好友王语章、岑世喜合影 ····· 17
图 1-10　胡敦欣参加即墨中学运动会后与同学合影 ························· 18
图 1-11　20 世纪 50 年代，即墨一中排演的《双送粮》剧照 ·············· 18
图 1-12　1956 年即墨中学毕业班学生合影 ··································· 20
图 2-1　20 世纪 50 年代的山东大学校门 ····································· 23
图 2-2　著名物理海洋学家赫崇本教授 ······································· 24
图 2-3　全国海洋综合调查南海区海流观测记录报表 ······················· 40
图 3-1　胡敦欣的大学成绩单 ·· 46
图 3-2　毛汉礼教授 ·· 50
图 3-3　胡敦欣研究生学习期间使用的英语词典 ···························· 54
图 3-4　1986 年，中科院海洋所科学家访美途中顺访香港大学 ··········· 57
图 3-5　1984 年，中科院海洋所补发的胡敦欣研究生毕业证书 ·········· 60
图 4-1　胡敦欣一家四口合影 ·· 64
图 4-2　胡敦欣绘制的浙江沿岸夏季环流模式图 ···························· 68
图 5-1　1979 年，中国海洋科学代表团在加利福尼亚水族馆前与美方
　　　　人员合影 ··· 79
图 5-2　1978 年，胡敦欣在美国访问时与美国海洋科学家交流 ·········· 80

IV

图 5-3　翻译家路成铭为胡敦欣等人做出国前培训时合影……………………83
图 5-4　1981 年，胡敦欣与导师 Carl Wunsch 教授在麻省理工学院合影……………………………………………………………………………84
图 5-5　1982 年，胡敦欣与伍兹霍尔海洋研究所物理海洋研究室主任 Robert Beardsley 在办公室合影……………………………………88
图 5-6　1982 年，胡敦欣和 David Halpern 教授等人在西雅图聚餐……89
图 5-7　1982 年，胡敦欣、毛汉礼访问美国夏威夷大学时与 Klaus Wyrtki 教授合影……………………………………………………90
图 5-8　1988 年，胡敦欣在"赤道环流与我国浅海环流的关系及其在海气相互作用中的作用"项目评审会上作报告………………95
图 5-9　1982 年在美国加利福尼亚访问时，胡敦欣与孙鸿烈、符淙斌合影…………………………………………………………………98
图 5-10　1986 年，"科学一号"进军西太平洋欢送仪式…………………101
图 5-11　胡敦欣和崔茂常在西太平洋布放海流计………………………102
图 5-12　胡敦欣参加的"东海陆架环流中两个重要分量的研究"获中国科学院 1985 年科技成果奖一等奖………………………………103
图 5-13　1992 年，胡敦欣获中国科学院"竺可桢野外工作奖"…………105
图 6-1　1989 年 2 月 19 日，胡敦欣主持召开 JGOFS 中国专家会议………111
图 6-2　1996 年 10 月，胡敦欣参加在尼日利亚拉各斯召开的近海海洋物质通量研讨会……………………………………………………113
图 6-3　2001 年 4 月 15 日，胡敦欣主持"东海海洋通量关键过程"项目验收会……………………………………………………………114
图 6-4　1992 年 11 月 6 日，胡敦欣与东京大学 Toshio Yamagata 教授合影…………………………………………………………………116
图 6-5　1999 年 12 月 18—19 日，胡敦欣在青岛参加中日海洋通量研讨会………………………………………………………………117
图 6-6　2002 年，胡敦欣率团赴瑞典、挪威参加"海洋科学中全球变化与可持续发展培训班"…………………………………………122
图 7-1　1998 年 11 月，胡敦欣在厦门参加中国海洋研究委员会第六届会议暨中国海洋学研究布局学术研讨会……………………………129
图 7-2　2000 年 3 月 29 日，胡敦欣与相建海所长、曾呈奎院士、刘瑞玉院士在一起……………………………………………………130

图 7-3　2008 年 10 月 29 日，胡敦欣参加第 333 次香山科学会议 ………… 133
图 7-4　2009 年 6 月 30 日，胡敦欣访问日本海洋科技中心 …………… 135
图 7-5　2010 年 1 月 17—18 日，胡敦欣在厦门组织召开 NPOCE 实施计划国际学术研讨会 …………………………………………… 137
图 7-6　2011 年 7 月 4 日，胡敦欣视察"科学一号"考察船 …………… 142
图 7-7　2012 年 10 月 15 日，西太平洋海洋环流与气候国际开放科学研讨会在青岛召开 ……………………………………………… 144
图 7-8　2017 年西太考察航次启航前，胡敦欣和科考队员交流 ……… 147
图 7-9　2016 年 3 月 15 日，中国科学院海洋环流与波动重点实验室成立 ……………………………………………………………… 149
图 8-1　胡敦欣与学生讨论研究 ………………………………………… 153
图 8-2　2019 年 10 月 20 日，学生们为胡敦欣庆祝生日 ……………… 155
图 8-3　2006 年 3 月 14 日，胡敦欣参加第十届全国人大代表大会第四次会议 …………………………………………………………… 156
图 8-4　胡敦欣与他的第一个研究生李永祥 …………………………… 157
图 8-5　中国科学院院长白春礼为"热带西太平洋边界流研究集体"颁发中国科学院杰出科技成就奖 ………………………………… 159
图 8-6　1962 年，徐贤义为胡敦欣缝补衣服 …………………………… 162
图 8-7　胡敦欣和徐贤义在家中合影 …………………………………… 163
图 8-8　2010 年 1 月，厦门大学副校长邬大光为胡敦欣颁发学术委员会主任聘书 ………………………………………………………… 164
图 8-9　2018 年 8 月 1 日，胡敦欣参加"慧聚海洋·声动青春——我是海洋科学演说家"夏令营活动闭幕式 ……………………… 166
图 8-10　2021 年 6 月 30 日，胡敦欣在中国海洋大学未来海洋学院演讲 ……………………………………………………………… 167
图 8-11　2017 年 6 月 13 日，时任山东省委书记刘家义为胡敦欣颁发山东省科学技术最高奖 ……………………………………… 168

导 言

胡敦欣，山东即墨人，物理海洋学家，中国科学院院士。他在海洋环流和海洋通量等领域有多项科学发现和学术创新，取得了开创性和系统性的学术成就，是我国海洋通量研究的开拓者和 NPOCE 国际合作计划的发起人。

胡敦欣出生于 1936 年，童年和青少年正值中华民族从苦难深渊走向解放、走向独立、走向复兴的岁月。在这个从旧社会迈向新时代的转折期，他在家人的呵护下得到了很好的成长，从爷爷的启蒙教育开始，他顺利地从村里的私塾、官庄完小、即墨中学一直读到山东大学。在汲取知识的同时，他的思想紧跟时代步伐，国家和民族意识悄然滋生。1956 年，他响应国家"向科学进军"的口号，报考了山东大学海洋系，自此与海洋结下一生之缘。

在中国物理海洋学奠基人之一的毛汉礼教授的引领下，胡敦欣不忘初心、矢志不渝，从事海洋科学研究 60 余年，取得多项科学发现和学术创新：发现并命名太平洋"棉兰老潜流"，这是迄今为止世界上唯一一支由中国人发现、命名，并在国际上获得广泛承认的洋流；发现中国陆架第一个中尺度涡"东海冷涡"；修正了沿岸上升流传统理论，揭示了"陆架上凡有上升流的地方，海底沉积必为软泥"的科学规律；在国际上率先开展陆架海洋通量研究，得到"东海是大气二氧化碳汇区"的重要结论；领衔发起 NPOCE 国际合作计划，奠定了我国在西北太平洋环流研究的国际地位……此外，他还荣获中国科学院杰出科技成就奖、中国科学院科技成果奖、中国科学院自然科学奖、中国科学院"竺可桢野外工作奖"、国防科工委国防科学技术进步奖、国家海洋局"终身奉献海洋"纪念奖章、国家海洋局海洋创新成果奖、山东省科学技术最高奖等。他先后担任 IGBP 科学委员会委员、全球海洋通量联合研究（JGOFS）科学指导委员会委员、海岸带陆海相互作用（LOICZ）国际科学指导委员会委员、海洋研究科学委员会（SCOR）大洋－陆架相互作用工作组（DOES-WG）成员、国际黄海海域研究会会长等十余个国际组织的职务，提升了中国在国际海洋与气候研究领域的影响力。

根据"老科学家学术成长资料采集工程"的要求和总体部署，我们在采集工作之初就成立了由国家海洋信息中心（中国海洋档案馆）和中国科学院海洋研究所（简称中科院海洋所）共同组成的"胡敦欣院士资料联合采集小组"，开展了胡敦欣成长资料采集和学术成长研究工作。我们采用现场采集、人物访谈、档案查询与资料考证、图片收集和分析、音视频采集与整理等研究方法，力求全面、真实、科学地反映胡敦欣院士的学术成长历程及规律。

采集小组于 2021 年 5 月 17—22 日开展了首次现场采集。采集地点共 5 个，包括青岛市即墨区石泉村、即墨第一中学、即墨区档案馆、中国海洋大学和中国科学院海洋研究所。在各方的密切配合下，采集工作进展得很顺利。访谈对象 10 人，包括胡院士本人、夫人徐贤义、即墨第一中学校长王瑞华和老师尹星、秘书杜湄山和马一心、侄子胡永俊、侄女胡翠芸和胡瑞琴、童年好友胡俊基。

本书共八章，主要内容如下：

第一章介绍胡敦欣的家世背景和童年成长。胡敦欣出生于山东即墨的一个农民家庭，虽是抗战期间，但在家人的呵护下他接受了较好的启蒙教育。本章重点介绍了家人对他的教诲与影响、童年接受的启蒙教育以及小学、中学老师对他爱国思想的培养和知识基础的奠定。

第二章介绍胡敦欣在山东大学海洋系的学习经历。大学期间，他刻苦学习，成绩优异，在海上实习中无惧晕船，克服困难。在参与1958年全国海洋综合调查过程中，他积极主动、认真负责，被海军湛江基地调查队评为"五好队员"；因表现突出，还作为南海区的代表向全国海洋综合调查办公室汇报普查成果。

第三章介绍胡敦欣考入中国科学院海洋研究所，跟随导师毛汉礼攻读研究生的经历。毛汉礼矢志不渝的爱国主义精神和严谨认真的科研态度对胡敦欣产生了深刻影响，在毛汉礼的严格要求下，他的专业知识、英语水平和实践能力均有较大提高。研究生学习期间，胡敦欣还认识了爱人徐贤义，两人的交往得到了导师和双方家长的认可。

第四章介绍胡敦欣在"文化大革命"期间的经历。频繁的政治运动和下放到天津农场的经历，没有让他放弃自己热爱的海洋事业，他利用空闲时间练习英语、学习专业知识。"文化大革命"结束后，他迅速投入海洋科研工作，揭示出浙江沿岸上升流的非风生机制，发现了中国陆架第一个中尺度涡"东海冷涡"，提出了"陆架上凡有上升流的地方，海底沉积必为软泥"的科学规律。

第五章聚焦中国海洋科学研究从近海走向大洋，梳理了胡敦欣在这一历史进程中的作用和经历。特别是从他参加中国海洋科学代表团访问美国、赴美访学，到连续四次率队开展西太平洋调查，并成功发现了"棉兰老潜流"的历程。

第六章着眼于20世纪八九十年代在"全球变化研究"这一前沿性国际科学计划中，胡敦欣率先在中国开展海洋通量和海岸带陆海相互作用研究及作出的突出贡献。

第七章介绍了胡敦欣以"老骥伏枥、志在千里"的精神发起中国第一个海洋领域大型国际合作计划NPOCE，推动中国的西太平洋海洋环流研究再上新台阶的壮举。

第八章介绍了胡敦欣数十年来严于律己、为国家培养高水平海洋研究人才、研究团队获评中国科学院杰出科技成就奖，与老伴执手一生等日常生活中的故事以及晚年乐于海洋科普、提升国人海洋意识的经历。

在胡敦欣院士学术成长资料的采集过程中，国家海洋信息中心主任兼中国海洋档案馆馆长石绥祥、中国科学院海洋研究所所长王凡都十分关心和支持采集工作，多次帮助解决困难。国家海洋信息中心分管副主任李双建经常到海洋档案馆了解工作进展，积极推进相关工作，保证了采集工作如期完成。

第一章
家庭启蒙　品学兼优

即墨位于胶东半岛，东南偎依崂山，西北傍胶州湾。"即墨"因临墨水河得名。即墨城始载于《战国策》《史记》等典籍，历史悠久，文化底蕴深厚，战国时期为齐国名邑，秦代置县，隋朝建城，建城史已有1400余年，在胶东半岛有"千年即墨、百年青岛"之说。当地气候温和、资源丰富，《资治通鉴·周纪一》中的"田野辟，民人给，官无留事，东方以宁"成为即墨富饶安康、安居乐业的生动写照。

图1-1　即墨古城门牌楼

1936年10月20日（农历九月初六），胡敦欣出生在这片土地上。虽于抗战乱世中，但他顽强地成长起来，并接受到很好的启蒙教育。

快乐童年

在即墨墨水河南岸有个绿水青山环绕的村庄，名叫石泉村。其附近的驯虎山和大庙山上的石材不软不硬且富含麦饭石成分，非常适合开采加工制作石磨。石磨是我国农耕时代人们日常生活的必备工具，用来把麦子、黄豆、芝麻等加工成面粉、豆浆、芝麻香油（酱）等食物。作为远近闻名的石磨集散地，石泉村形成了一个很大的集市，每逢农历五、十，十里八乡的人都聚集到这里，人山人海、熙熙攘攘。石泉村现存一处有600余年历史的石磨坑遗址奇观，长年累月开采形成的石磨坑深二三十米，层层叠叠，蔚为壮观。

图1-2 石泉村石磨坑遗址

胡氏一族是石泉村世家，据传为明洪武年间（1368—1398年）从云南迁徙而来，在此以拓荒种地、开石撺磨为业。胡家人聪慧勤劳，在胡敦欣父亲胡涧本当胡氏"大家长"期间，胡家已经算得上是村里的大户人家。所谓"大户"，一是人口多，1944年分家后，家中仍有曾祖父、爷爷胡显琛和奶奶，父亲胡涧本和母亲胡黄氏，伯父胡渐本和伯母胡宫氏，四个姐姐胡秀珍、胡淑珍、胡莲珍、胡婉珍以及胡敦欣和弟弟胡敦锡。二是资产多，家里有地40亩、房屋18间，还有两辆土车和一头牛。胡家以务农为生，兼做些生意，自给自足，生活条件比村里大部分人家要好，算得上"小富户"。三是文化水平高，见多识广。胡敦欣的爷爷胡显琛和父亲胡涧本受过私塾教育，有一定文化。胡涧本爱好书法和唱戏，年轻时曾跟随亲戚一起跑买卖，1928年前后在上海英租界工部局[①]

[①] 清末西方列强在中国设置于租界的行政管理机构，因与"工部"类似而名"工部局"。

当了一年多的警察，1943—1944年参加过当地革命武装，见多识广，这在当时的胶东农村是不多见的。

长孙出生后，爷爷胡显琛取名胡敦鑫（后改名胡敦欣），"敦"是辈字，"鑫"寓意"金"多兴旺。这个名字既是爷爷的心愿，也寄托了全家的期许，希望这个男孩将来出人头地，给胡家带来富足和安康。

胡敦欣的出生，最高兴的还是母亲胡黄氏。母亲虽没上过学，但为人大度、勤俭持家、济贫行善。特别是在连生四个女孩之后终于为胡家添了男丁，她认为这是善有善报，自此更是一心向善、诚心待人。

胡敦欣乳名"小帮"，幼时十分调皮。在封建思想浓重的胶东乡下，作为胡家长孙，他得到了全家人的呵护和关爱，就连母亲在胡家的地位也因此得到明显提升，爷爷不再安排她去离家远的大田里做农活。四个姐姐对弟弟也是十分关爱和呵护。

胡显琛认为，胡敦欣是家中长孙，凝聚了家族光耀门楣的期望，应由自己亲自教育。因此，幼小的胡敦欣断奶后不久，就被安排与爷爷一同睡在宅院的主间。奶奶更是常把家中好吃的水果、零食留给孙子。

图1-3　胡敦欣的父亲胡涧本

图1-4　胡敦欣的母亲胡黄氏
（摄于20世纪80年代）

胡显琛希望孙子勤奋读书,将来事业有成。他经常给胡敦欣讲中国古代人物的故事,讲先贤如何孝顺长辈,讲孔融、王泰"推梨让枣"的故事,还讲岳飞、关羽和赵云的故事。胡敦欣至今记忆犹新:

> 小时候印象最深的是爷爷。每天我吃饭和睡觉基本都和他在一起。农村睡觉都很早,爷爷晚上经常在被窝里给我讲很多故事,讲先贤家庭贫寒,通过努力最后考取状元;讲岳飞、关羽和赵云,他们对帝王非常忠诚。这些思想对我的影响非常大。①

从爷爷讲的故事里,胡敦欣得知李白不仅是一位伟大的诗人,更是一个从懒惰到勤奋的典型,爷爷用"铁杵磨针"的故事告诉他,只要有毅力、坚持不懈,再难的事情都能做到。除了"铁杵磨针","囊萤夜读""头悬梁、锥刺股"等故事也陪伴着胡敦欣一起成长。爷爷一遍遍地讲这些贫寒学子刻苦读书终有所成的故事,使胡敦欣很是敬佩故事里的人物,觉得自己也应该像他们一样刻苦学习。

爷爷奶奶心地善良,常帮助别人,潜移默化中也影响了胡敦欣:

> 当时我们家生活条件还可以,村里有好多人比我们贫穷。爷爷奶奶很关心别人,有时把自己家的粮食拿出来帮助他们。②

此外,父亲胡涧本教唱戏和书法也为胡敦欣的童年增添了许多色彩。胡涧本爱好京剧,是当地有名的"票友"。他也教孩子们学唱京剧,认为学习京剧可以培养气质,陶冶情操。胡涧本教两个儿子练声,一段时间后,他觉得弟弟胡敦锡声音清脆,比胡敦欣更有天分,便不再教胡敦欣唱戏。这让胡敦欣心里很是难过,父亲的决定激起了他"不服输"的斗志,于是背着父亲偷偷从弟弟那里学。

有一次,家中有亲戚来做客,父亲让弟弟唱了一段京剧,大家都表扬

---

① 胡敦欣访谈,2021年5月20日,青岛。资料存于采集工程数据库。
② 同①。

他唱得好。胡敦欣不服气，说"我也会"，并当场唱了一段，唱得也不错。父亲很奇怪，因为自己并没有教胡敦欣这段京剧。兄弟俩只好向父亲坦白。自此，胡敦欣又可以继续跟父亲学唱戏。此后，每逢重要节日或家中有客人来访，兄弟俩都要轮流表演一番。

除学唱戏之外，兄弟俩还跟随父亲学习书法。当时胶东半岛已被日军占领，父亲心中也有着家仇国恨。有一次，父亲教兄弟俩学写诗《送毛伯温》。胡敦欣当时并不理解诗句的含义，长大些才知道这首诗是明世宗朱厚熜为将领毛伯温远征安南所作的壮行诗，诗句铿锵有力、气势非凡。父亲教这首诗是想告诉他：国家越有难，越要爱国，要有当年抗击外寇必胜的信心！

私 塾 启 蒙

胡氏祠堂设在石泉村西边，是胡氏一族存放先辈牌位、举行家族仪式和处理家族事务的地方。胡敦欣的叔叔胡英本在族人的帮衬下在胡氏祠堂内开办了一所私塾，为胡氏子孙传授文化知识。私塾不收学费，教书先生轮流到学生家中吃饭，逢年过节各家要给先生一点例钱。私塾里学生的年龄差别很大，小的六七岁，大的十多岁。

1944年初，8岁的胡敦欣到胡氏私塾跟着胡英本学习，接受启蒙教育。祠堂正中有一间房，墙上挂着孔夫子画像，画像前有一张八仙桌，左侧放一把太师椅，是胡英本执教时的"宝座"。初入学堂的弟子，都要先对孔夫子画像行跪拜大礼，再对先生深鞠三躬。胡敦欣也不例外。

私塾里学生先学"方块字"，认识的字多了，再读《三字经》《百家姓》《千字文》等，功课达到一定程度，再念"四书""五经"。胡英本先让学生熟读背诵，再由自己逐字讲解。除读书背诵，还有习字课，从扶手、润笔开始，再描红、写印本，进而临帖。私塾学规很严，犯错会受到惩罚，体罚更是平常事。

私塾里，胡敦欣最要好的朋友是胡俊基。胡俊基虽然比他小一辈，但两人同年出生，兴趣相仿，经常在一起玩。胡敦欣记得，私塾里还有个来自邻村张家村的同学叫张铎坤，张铎坤总有说不完的故事，每到下课的时候，胡敦欣和胡俊基就一起听他讲故事。有一次上课，三人在下面窃窃私语，胡英本将他们赶出教室，到祠堂外面罚站。当时正是冬天，他们在室外冻得瑟瑟发抖。下课后，胡英本让他们进来，抽背课文，背出便罢，背不出还得受戒尺的惩罚，少背一句便用戒尺打手两下。胡敦欣和胡俊基都顺利通过，而张铎坤背得磕磕巴巴，被先生打了好多下。①

由于从小就跟爷爷学过《三字经》《百家姓》等，加上记忆力特别好，胡敦欣在私塾里算是优秀生。胡英本爱用"圆圈"表示优秀，胡敦欣的作业本上几乎全是"圆圈"。与其他学生相比，他受到的处罚最少，先生到他家吃饭时也经常表扬他，让他觉得十分风光。不过，胡敦欣对上私塾并不是很感兴趣，一是私塾里教的内容他大部分已经学过，二是他不喜欢私塾里的体罚。

1948年7月，胡氏私塾被取消，胡敦欣考取了即墨县城关区官庄完全小学（简称官庄完小）。当时的小学有初级小学和完全小学之分，初级小学只有低年级，完全小学则是各年级都有。由于教师资源严重不足，完全小学的新生录取率极低。那一年胡英本的私塾里有好几个学生都要上小学，最后仅有胡敦欣和胡俊基考上了官庄完小，成了走读生。

官庄完小在离石泉村三公里外的石棚村，胡敦欣每天步行上学要四五十分钟，一路都是坑坑洼洼的沙土路，一不小心就会崴脚。学校条件比较差，没有食堂和宿舍，午饭只能从家里带，条件好的学生会带个净面饼子，条件差的就只能带菜饽饽，中午热一下胡乱吃几口了事。胡敦欣至今还记得在官庄完小的第一年，那年冬天特别冷，上学路上为了避风，他和胡俊基就倒着走路，难免会摔跤。冬天太阳落山早，晚上放学时天已经开始黑了，走在村间的小路上，有时甚至能听见附近山里的狼在嚎叫。

---

① 胡敦欣访谈，青岛，2021年5月20日。资料存于采集工程数据库。

在官庄完小，胡敦欣对学习开始产生浓厚的兴趣，每天几乎风雨无阻地去学校，成绩也越来越好。家人都很吃惊，不知道老师用什么"妙招"调起了他的学习积极性。实际上并没有什么"妙招"，而是学习内容和教学方式的变化。官庄完小开设国文、算术、音乐、体育等课程，授课老师的水平比较高，其中对胡敦欣影响最大的是教算术的江志清老师。

江老师高高瘦瘦，性格开朗，负责且有耐心。他不光算术课讲得好，还倡导玩耍和学习结合的"快乐教育"，有他在的地方，孩子们总是笑声不断。比如，他会在课间休息时来一场比赛，谁能在最短的时间内算出一个100以内的加减法或者背出一个公式、猜出一个谜语，就会获得奖品。在这种氛围下，孩子们释放天性、开动脑筋，学习也变得有趣，知识在游戏中被刻进脑海里。

为了培养学生的专注力、提高计算能力，江老师还教大家下象棋。没有棋子，他就地取材，用竹子制成竹牌，再刻上"象""马"等字，就成了棋子。一到下课，大家就围上好几圈，围观江老师和同学进行"车轮大战"。往往一盘棋还没下完，就到了上课时间，江老师会提醒大家不要再动棋子，回去继续上课。大家都意犹未尽，等到再次下课就迫不及待地跑出教室，把棋盘围得水泄不通。胡敦欣也不例外，有一段时间，下象棋成了他每天业余生活中最大的快乐。

胡敦欣改名也与江志清老师有关。胡敦欣本名"胡敦鑫"，"鑫"字寓意多金、富贵。在官庄完小，受新式教育影响，胡敦欣觉得自己的名字"有些封建，不符合劳动人民的立场"。他把自己的想法向江老师作了汇报，江老师建议他把"鑫"改为"欣"，寓意"伟大的新中国欣欣向荣"。胡敦欣觉得很好，从此便改名"胡敦欣"。

除了江志清老师，在官庄完小胡敦欣印象深刻的还有教国文课的黄老师。黄老师文质彬彬、温文尔雅，不仅讲孔孟之道，还讲科学、民主。国文课不单学句认字，还有阅读理解和写作文。一次上国文课，黄老师说："大家都怕写作文，但其实写作文并不难，要掌握技巧。刚开始时，你就写一件真实的事，写一件自己最感动的、最想对人说的事，把它写清楚。心生而言立，言立而文明，作文自然就写出来了。"在黄老师的指导下，胡敦欣逐渐掌握了写作的要领。

在官庄完小，还有一件事对胡敦欣十分重要，那就是加入中国新民主主义青年团①。

新中国成立初期，共产党的领导让人民看到了希望。胡敦欣虽然还只是个小学生，但也产生了要求进步的想法。经过努力争取，小学毕业前夕，由纪淑美老师介绍，他光荣地成为一名中国新民主主义青年团的团员。胡敦欣曾在1957年9月的一份材料中，讲述了当时入团的有关情况：

> 由于不断地学习政治，知道了中国人民在共产党领导下打垮了反动派并要进一步为实现新民主主义社会而努力，因而在1950年5月19日加入了中国新民主主义青年团。虽然自己也不知道怎样才能实现社会主义，但愿意为之奋斗。②

在官庄完小的两年，胡敦欣的人生观变化极大，开始有了"国家"和"民族"的概念，学业也有了提高。他开始真正理解爷爷讲的"学习要专心，一心不能二用""只要功夫深，铁杵磨成针"的道理，做到"学习做事，一定要踏踏实实有始有终，不能虎头蛇尾半途而废，认准的事，一定要坚持到底"。从此，"孜孜不倦，持之以恒"成了他的人生信条。

即墨中学的"三好学生"

1950年7月，胡敦欣以优异的成绩完成了在官庄完小的学习。在江志清等老师的鼓励下，他考取了即墨最好的中学——即墨私立信义中学（简称即墨中学）。

即墨中学历史悠久。1897年11月，德国强占胶州湾，次年在青岛建

---

① 1957年改称中国共产主义青年团。
② 胡敦欣大学档案，1957年9月。资料存于采集工程数据库。

图 1-5　20 世纪 50 年代初的即墨中学

立基督教会。为传经布道，1904 年在即墨城花园村德国教会的礼堂内设立翠英书院，开设圣经、德文、数学、历史、地理等课程。第一次世界大战期间，教会被日军占领，翠英书院被迫停办。1925 年，德国牧师马维立在翠英书院的基础上建立了翠英私立初级中学。1931 年秋，翠英私立初级中学与鲁东女子初级中学合并，更名为即墨私立信义初级中学。

即墨中学的教学水平很高，学校教师有的来自国内名校，有的来自青岛李村师范学校。李村师范学校前身是 1930 年成立的青岛李村中学，当年曾有"南有南京晓庄师范，北有青岛李村师范"之说。

胡敦欣考上即墨中学，全家人都十分高兴。大姐胡秀珍花了整整一个月时间精心绣制了一幅绣品，用卖绣品的钱买了一块当时最时兴的面料"的确良"，亲手给弟弟缝制了一件新衬衣。胡敦欣拿到这件衬衣喜出望外，爱不释手。

1950 年 8 月底的一天，胡敦欣和爷爷起了个大早，用推车装了一大袋粮食去学校报到。当年上学除了要交学费，还要交在学校吃午饭的"口粮"。报完名，爷俩走进校门参观，绿树环绕的校园内坐落着几栋欧式建

第一章　家庭启蒙　品学兼优

筑和几排平房，西侧有一个池塘。爷爷对新学校的环境十分满意，胡敦欣更是心里乐开了花。

新学期开始，由于不能住校，胡敦欣每天要花两个小时走路上学。早晨天还没亮，听见母亲在厨房拉风箱生火的声音，胡敦欣就知道自己该起床上学了。尽管困得不行，但他心里默默念三遍"为每个学生积蓄成才的力量"（这是即墨中学的校训，他特别喜欢），念完后，他一跃而起，觉得浑身充满了力量。

当时粮食匮乏，母亲心疼胡敦欣上学辛苦，想尽办法让他吃饱、吃好。母亲会在早上煮好热腾腾的地瓜，一些让他当早饭吃，吃得身上热乎乎的、肚子饱饱的，有劲儿走路上学；另一些仔细包好，背去学校，当作午饭的加餐。

即墨中学的课程十分丰富，有国文（初二时改叫语文）、数学（包括算术、代数、几何）、政治常识、外国语、历史、中国革命常识、时事政策、地理、自然、物理、化学、生物、生理、音乐、绘画、体育等。刚开始，由于大部分课程没有接触过，胡敦欣学起来很吃力。但他憋着一股劲儿，通过参加兴趣学习小组、课堂多提问、课下多看参考书（学校有图书馆）、苦读多背等方式，奋力追赶。经过一段时间，终于跟上了课程进度。

图1-6　2018年5月1日，胡敦欣（左2）参加即墨一中同学会理事会议

教代数课的刘老师对学生非常亲切、有耐心，春风化雨般的教学态度成了胡敦欣脑海中"好老师"的标准之一。因为从小跟随父亲学唱京剧，音乐课是胡敦欣最喜欢的课程之一，高松老师歌唱得好，还教大家五线谱知识，在高老师的鼓励下他还参加了一些演出节目。

即墨中学要求学生德、智、体全面发展，除了抓教学、抓学习，还非常重视课外文体活动。每天下午的后两节课，统一安排为课外活动时间，同学们纷纷走出教室打球、做操，参加各种文体活动。学校还成立了各种课外活动队，有体育队（篮球、排球）、文娱队（舞蹈、歌唱、乐队），同学们可自愿报名。① 胡敦欣参加了篮球队和舞蹈队。

一天的课程结束后，胡敦欣和胡俊基一起回家。回家的路经过一片庄稼地，狼和蛇是经常出现的危险动物。夏秋之际，庄稼长得很高，密密麻麻遮住了视线。刚开始两人都有些害怕，只能互相鼓励着时走时跑，后来慢慢习惯了，个子也长高了，便不再恐惧。这条放学回家的路，他们整整走了三年。

1950年6月，朝鲜内战爆发。美国悍然派兵进行武装干涉，并不顾中国政府多次警告越过"三八线"，直逼中朝边境的鸭绿江和图们江，把战火烧到了新生的中华人民共和国国土上。紧要关头，毛主席作出"抗美援朝、保家卫国"的历史性决策。10月19日，在彭德怀率领下，中国人民志愿军跨过鸭绿江，开赴朝鲜战场，以大无畏的英雄气概，毅然承担起保卫和平的历史使命。中国人民志愿军与朝鲜人民并肩作战，不断取得辉煌胜利，迫使侵略者停战谈判。

抗美援朝战争正值胡敦欣人生观和

图1-7 初中时期的胡敦欣

---

① 山东省即墨一中志编纂委员会：《山东省即墨一中志（1904-2004）》。兰州：兰州大学出版社，2004年，第231页。

第一章 家庭启蒙 品学兼优

世界观形成的关键时期，伟大的爱国主义精神和革命英雄主义精神给了他铭刻于心的教育。

抗美援朝对自己的教育和鼓舞是很大的：活生生的事实教育自己，美帝国主义是个"纸老虎"，不可怕。这使我认识到，只有在中国共产党的领导下，中国人民才能在世界上抬起头来，挺起胸来！所以自己就更加确信，党能领导人民把我们的国家建设成世界上的强国。①

1953年春天，全国征兵工作开始。胡敦欣受抗美援朝战争的深刻影响，觉得自己作为团员和班干部，应该响应号召，带头参军，所以就积极报名。报名参军需要家长签字同意，家里商量后认为，胡敦欣已读到初中，马上就要考高中，现在若去当兵就要耽误学业，太可惜了；而且为国出力也不在一时，以后学业有成，对国家的贡献更大。因此，尽管他软磨硬泡，还是没能做通家里人的工作，参军一事只好遗憾作罢。

1953年7月，陪伴了胡敦欣整个童年学业的好友胡俊基的求学之路止步于高中入学考试，胡敦欣成了石泉村唯一的高中生。但此时，一向支持他读书的爷爷却犹豫了：已经读了这么多年书，还有必要继续学习吗？然而，胡敦欣下定了向知识高峰攀登的决心。他给自己定下目标：

首先争取在高中三年里使自己的思想觉悟完全符合祖国的要求，克服或尽量少受家庭影响。学好功课，并锻炼好自己的身体，使自己成为名副其实的"三好

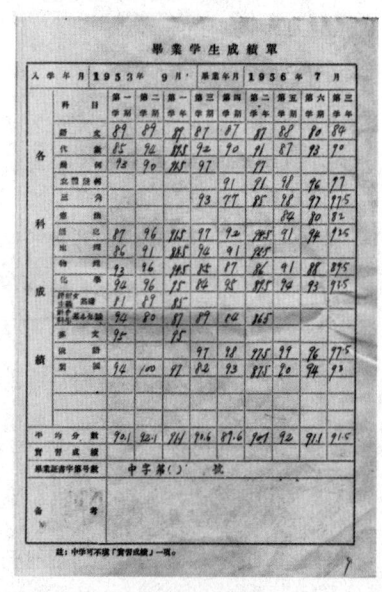

图1-8 胡敦欣的高中成绩单

---

① 胡敦欣大学档案，1957年9月。资料存于采集工程数据库。

生"！争取高中这三年每年都受到学校全面发展的奖励。①

高中开学后，胡敦欣开始住校，每周仅回家一次。

即墨高中每个年级有三个班，每班50多个学生。胡敦欣在三班，班主任是物理老师蔡孟佩。蔡孟佩毕业于上海沪江大学（现上海理工大学），教学经验丰富。在他的指导下，胡敦欣的物理成绩进步明显。更为重要的是，他使胡敦欣逐渐培养起了刨根问底的学习习惯，绝不轻易放过任何一个不懂的问题。蔡老师在课堂上经常留一些思考题，让学生自己寻找答案。胡敦欣本来就喜欢逢事问个为什么，此时更是用各种方法去寻求答案，宿舍里大家也是经常讨论问题到深夜。

胡敦欣还在学校图书馆找到一些科普读物，这些书围绕日常生活的方方面面普及科学知识，在书中，他不仅找到了作业的答案，还知道了窗户为什么会结霜，天为什么会下雨，海洋究竟有多大，地球上是山高还是水深……这些科普内容涉及数学、物理、化学、生物、历史、地理等，使他对高中的相关课程更加感兴趣。

高中时的胡敦欣是一个"问题学生"，因为他总有问不完的问题，只要有一点不明白的地方，一定第一时间向老师请教清楚。老师们都非常赞许胡敦欣这种及时解决问题的学习态度，这也让他受到了极大的鼓舞，养成了"爱问问题、问题不过夜"的学习习惯。

胡敦欣和另外两名成绩好的同学岑世喜、王语章成了班里的"三剑客"。三人经常在一起讨论学习问题，互相总有新的启发，对问题

图1-9　2010年8月3日，胡敦欣和高中好友王语章（左）、岑世喜（中）合影

① 胡敦欣大学档案，1957年9月。资料存于采集工程数据库。

第一章　家庭启蒙　品学兼优

的思考也更进一步。1956年高中毕业后,芩世喜和王语章考取了北京航空学院(现北京航空航天大学),胡敦欣则去了山东大学。此后他们一直保持联络,成了一辈子的好友。①

除了学习优秀,胡敦欣还是文体活动的积极分子,德、智、体全面发展。组织学校文体活动的是音乐老师李俊三。在他的指导下,学校文娱队每学期都会推出一些节目,形式多种多样,有小歌剧、黄梅戏、大合唱等。

即墨中学不远处驻扎着一支解放军部队,部队的文工团跟学校关系很好,李俊三老师经常请文工团帮助学校排练节目。胡敦欣学习的第一支小歌剧《双送粮》就是部队文工团教的,这部歌剧反映的是抗美援朝战争期间,丰收的农民高高兴兴地把手中的粮食卖给国家,支援抗美援朝。节目共三男两女,男生后面推车,女生前面拉车,有唱有跳,喜气洋洋。胡敦欣觉得这个节目非常好,后来还在自己村里推广:

图1-10 胡敦欣(二排左4)参加即墨中学运动会后与同学合影

图1-11 20世纪50年代,即墨一中排演的《双送粮》剧照

因为该剧迎合了当时的形势,暑假回家时,我就组织了村里几个年轻人,教他们排练《双送粮》。排练完成之后,这几个年轻人就代表石泉村,从村里、邻村一直演到公社,受到老百姓的

---

① 廖洋:耕海踏浪,谱蔚蓝华章。2021年,未刊稿。存于中国科学院海洋研究所。

喜欢。有一次，在公社组织的演出比赛中还获得了一等奖，奖品是一个农村用于犁地的犁头。①

在体育方面，胡敦欣也有收获。他高中时加入了学校篮球队，还养成了每天练习太极拳的习惯，这个习惯一直延续至今。

高中三年，胡敦欣的学习成绩一直名列前茅，连续三年得到了学校"全面发展"奖励和"三好学生"称号。他感觉自己一下子脱离了儿时的懵懂，变得成熟自律起来，在思想上也有了进步：

> 高中有几件事情使我的思想进步较大：1954年寒假举办校文娱活动，在这次活动中，常和解放军文工团的同志一起。解放军同志对人非常亲切和蔼，非常乐观。以前我只知道解放军打仗勇敢。所以从那时起就更加羡慕他们，觉得自己在日常生活中应该学习他们的作风。1955年，回家动员家庭加入了农业高级生产合作社，这是自己非常愉快的一件事。②

国家的需要就是我的志愿

1956年1月，中共中央在北京召开关于知识分子问题的会议，提出了"向现代科学进军"的口号。3月，国务院成立科学规划委员会，编制了《1956—1967年科学技术发展远景规划纲要（修正草案）》，标志着我国的科学技术事业进入了一个蓬勃发展的新阶段。

这一年胡敦欣高中毕业，如何填写高考志愿让他犯了愁。"向现代科学进军"的号召让他第一次对"科学"有了认知，一颗种子在他心里渐渐萌芽：要向科学进军，成为一个大科学家。高中课程里，胡敦欣的物理学得最好，尤其

---

① 胡敦欣访谈，2021年5月20日，青岛。资料存于采集工程数据库。
② 胡敦欣大学档案，1957年9月。资料存于采集工程数据库。

是力学。所以，他的第一个志愿是清华大学动力学："因为祖国各项建设离开动力不行，特别是在这新时代里就更加重要了，所以我想投身于这个专业。"

然而，世事难料。就在胡敦欣正在紧张备考时，山东大学海洋系的陈大熙、钮因义来到即墨中学招生。通过他们，胡敦欣了解到海洋有重要的国防意义，山东大学的海洋系是军事保密专业，现在国家急需海洋科学人才。两位招生老师根据学习成绩，挑选了约20名毕业班学生，再由班主任动员这些学生报考山东大学，其中就有胡敦欣。

> 来考试的都是各个学校的尖子生。第一天考数学，题目很难，导致很多考生第二天就不来了，放弃了。我没有放弃，一是因为当年我们号召向科学进军，二是当时有个口号是"国家的需要就是我的志愿"。现在国家需要我考上山东大学海洋系，个人的志愿要服从组织、国家的志愿。①

然而，山东大学迟迟未公布考试成绩，眼看毕业的日子快到了，胡敦欣又有了一个机会，考空军飞行员。他立刻报了名。最终，他的体格检查未能通过。闷闷不乐之际，他接到了山东大学的录取通知书。

图1–12　1956年即墨中学毕业班学生合影（六排右4为胡敦欣）

---

① 胡敦欣访谈，2021年5月20日，青岛。资料存于采集工程数据库。

第二章
八关山下　结缘大海

1956 年，胡敦欣以优异的成绩考入山东大学海洋系，来到与他出生地仅有百里之遥的海滨之城——青岛。这是他第一次与大海相遇，从此他的人生再也没有离开过海洋。

山东大学海洋系

青岛是世界知名的海洋之城，有"红瓦绿树、碧海蓝天"的优美景观。中国近代海洋学始于 20 世纪初的青岛。1898 年，德国海军港务测量部在青岛市馆陶路 1 号建成气象天文测量所，1905 年更名为皇家青岛观象台，是近代远东三大观象台[①]之一，在中国近代气象、海洋科学发展史上占有重要地位。1914 年，日本侵占青岛后，将观象台改名为青岛气候测量所。1924 年，中国近代气象事业的开创者蒋丙然代表中央观象台接受日本管理的青岛气候测量所，之后该所更名为青岛观象台，蒋丙然担任首任台

---

① 其他两个是法国人管理的上海徐家汇观象台、英国人控制的香港观象台。

长。1925年5月1日起,青岛观象台开展了由中国学者主持的包括潮汐观测与推算在内的海洋观测。在中国海洋科学的先驱之一宋春舫[1]的建议下,青岛观象台于1928年11月成立海洋科,这是中国第一个开展海洋水文、气象和生物观测的海洋研究机构。同年,青岛观象台开始编纂青岛港潮汐表,发布沿海天气、风暴预报,为地方及航海服务。在海洋调查方面,1935年,青岛观象台与中央研究院合作,开展了中国第一次渤海和山东半岛沿海(北黄海)的海洋学与生物学调查,其中海洋水文、气象观测占据了重要部分。

青岛也是中国海洋教育的发源地。1924年8月,青岛胶澳商埠督办高恩洪[2]在青岛当地开明士绅、商贾的倡议和支持下,以德国侵占青岛时修建的俾斯麦兵营为校址,创办了私立青岛大学并出任首任校长。1928年,由于社会动荡、民不聊生,私立青岛大学和位于济南的省立山东大学相继停办。

1928年8月,山东省教育厅报请南京国民政府教育部,希望在已经停办的省立山东大学基础上筹建国立山东大学。[3] 1929年6月,经过考察,曾任北京大学校长和中华民国教育总长的蔡元培力主将在济南筹办的国立山东大学迁至青岛,认为"青岛之地势及气候,将来必为文化中心点,此与大学关系甚大"。于是,民国政府将国立山东大学筹备委员会改为国立青岛大学筹备委员会,并于1930年9月20日正式成立国立青岛大学。时任清华大学教务长兼文学院院长的杨振声[4]出任校长并亲自题写校名。

1932年9月,国立青岛大学更名为国立山东大学,教育学家赵太侔[5]任校长。他延续杨振声的办学方针,广聘名师,开设海洋知识课程。1932年,山东大学生物学系聘请张玺[6]教授讲述海洋生物知识课程。1934年

---

[1] 宋春舫(1892-1938),浙江吴兴(今湖州)人,戏剧理论家、收藏家、海洋科学先驱,曾任青岛观象台海洋科科长。

[2] 高恩洪(1875-1943),山东蓬莱人,曾任中华民国交通总长、教育总长。

[3] 张静:《中国海洋大学大事记》。青岛:中国海洋大学出版社,2014年,第9页。

[4] 杨振声(1890-1956),山东蓬莱人,著名教育家、作家。

[5] 赵太侔(1889-1968),原名赵海秋,山东青州人,中国戏剧教育家和教育家。

[6] 张玺(1897-1967),字尔玉,河北平乡人,九三学社社员,动物学家、海洋湖沼学家,中国海洋动物学奠基人之一、贝类学的开创者。

图 2-1 20 世纪 50 年代的山东大学校门

夏,山东大学发起并组建了青岛海产生物研究所,国内很多专家来青岛参加研究,同时开办六期暑期讲学班,一时盛况空前。1936 年 11 月,海滨生物研究所成立,山东大学生物系联合青岛观象台开展青岛近海渔业和海洋生物的采集和调查。这一系列活动为学校后来海洋类专业的设置拉开了序幕。

1947 年 2 月 5 日,学校设置海洋学系并附设海洋研究所。4 月 24 日,动物系主任童第周[①]被聘为海洋研究所所长,植物系主任曾呈奎[②]为副所长。因童第周、曾呈奎皆从事生物学研究,海洋研究所生物学较强,而物理海洋学研究几乎无人开展。直到 1949 年 2 月,留美物理海洋学博士赫崇本受聘为研究所教授才有所改观。

---

① 童第周(1902-1979),浙江鄞县(今宁波市鄞州区)人,生物学家,中国实验胚胎学主要创始人。
② 曾呈奎(1909-2005),福建厦门人,海洋生物学家,中国海藻学研究奠基人,中国科学院学部委员。

1952年全国高校院系调整，厦门大学海洋系与山东大学海洋研究所合并为山东大学海洋系，设置物理海洋学本科专业，赫崇本任主任。从此，在青岛建立起了培养海洋专业科研和技术人员的基地。

胡敦欣很喜欢山东大学的校训、校风和办学宗旨。山东大学的校训是"学无止境，气有浩然"，告诫学子戒浅薄与自满，为真理而治学；强调为人一身正气，胸襟开阔。

山东大学"崇实求新"的校风，来源于《山东大学堂章程》。此章程是中国最早的大学章程，详细规定了大学的管理机制和创办流程。《山东大学堂章程》第一章第一节就开门见山地提出"实事求是，力戒虚浮"；第一章第七节提出"大学堂首贵崇实"，要做到"俯身叩学，写就崇实文章"。这些表述，集中体现了创立之初的山东大学"朴实、扎实、务实"的风格。

山东大学的办学宗旨是"为天下储人才，为国家图富强"。以前上学时，胡敦欣曾经也有疑惑，家里人认为上学能识字就行，以后找个可以谋生的工作，学那么多有什么用？读到这句话，他终于明白了，学习不是光为了识字和找工作，而是"为国家图富强"！

山东大学是当时全国唯一一所培养海洋科学人才的高等学校，时任海洋学系主任赫崇本教授是我国物理海洋学的奠基人之一。他于1928年考入清华大学物理系，师从叶企孙和吴有训。1943年，国民政府决定利用庚子赔款资助七名助教去美国留学深造，赫崇本成为七人之一。在导师吴有训的建议下，他攻读海洋学，以填补我国海洋科学的空白。赫崇本到美国后，先后在加州理工学院、斯克里普斯海洋研究所学习，师从当时世界著名的海洋学家、斯克里普斯海洋研究所所长斯韦尔德鲁普[①]

图2-2 著名物理海洋学家赫崇本教授

[①] 斯韦尔德鲁普（1888-1957），挪威海洋学家和气象学家，被誉为现代海洋科学的奠基人。

教授，并与蒙克①教授一起从事海浪和海洋研究。1948年，由于美国加紧了对留美中国留学生的控制，赫崇本担心日后美国政府阻挠中国留学生回国，便于1949年初毅然放弃学业回国。回国后，他被山东大学聘为教授、海洋系主任，全身心投入新中国海洋事业的教学工作。

作为山东大学海洋系首任系主任，赫崇本积极倡导和推动海洋系学科建设，1952年设立物理海洋学专业，1957年设立海洋气象学专业，并致力于两门学科的相互渗透。他兼任物理海洋学和动力气象学教授，讲授海流、潮汐、海浪等课程。当时海洋系师资力量严重不足，他聘请了哈尔滨军事工程学院的文圣常②、厦门大学海洋系主任唐世凤③、青岛观象台台长王彬华④、四川大学牛振义和中国科学院海洋研究所毛汉礼⑤来校授课，使教学质量大大提高，山东大学海洋系很快成为中国培养海洋学高级人才的摇篮。

1952年11月，时任山东大学校长华岗⑥会同童第周、陆侃如⑦两位副校长研究认为，要把山东大学办成有特色的学校，海洋系虽是初建院系，但发展前景广阔，应成为学校的发展重点。1953年5月，山东大学将物理海洋、汉语言文学、历史、海洋生物、动物胚胎、植物六个专业作为学校重点发展学科上报国家高等教育部，由此形成了"文史见长，加强理科，发展生物，开拓海洋"的鲜明办学特色。

得益于"开拓海洋"的办学理念，山东大学海洋系发展迅速。据统计，1957年海洋系的科研经费已占全校的40%，可见当年山东大学对海洋学科的重视。

---

① 蒙克（1917-?），美国地球物理学家、海洋学家。
② 文圣常（1921-2022），河南光山人，海洋学家、教育家，曾任山东海洋学院院长、中国海洋大学校长，中国科学院院士。
③ 唐世凤（1903-1971），江西泰和县人，海洋学家、教育家，1946年在厦门大学创建了中国最早的海洋学系和海洋研究所。
④ 王彬华（1924-2011），安徽寿县人，中国著名海洋气象学家，中国海洋气象学专业的开拓者和奠基人之一，曾任青岛观象台台长。
⑤ 毛汉礼（1919-1988），浙江诸暨人，中国著名海洋学家，中国科学院学部委员。
⑥ 华岗（1903-1972），浙江衢州人，中国现代哲学家、史学家，曾任山东大学校长。
⑦ 陆侃如（1903-1978），江苏海门人，我国现代著名文学史专家、教育家。

尽管如此，海洋系仍面临师资不足、教材不完备、仪器设备匮乏、图书资料短缺等许多困难。根据1954年8月5日海洋系上报学校的材料介绍：

> 自1952年9月成立以来，教学组织设有海洋学、气象学、海洋化学（由海洋化学、海洋沉积组成）教研组；另有动力海洋学、波浪学、潮汐学三个非正式组织，每组2人。专任教师共17人，其中教授3人、副教授2人、讲师3人、助教9人；在校学生共172人，其中一年级70人、二年级59人、三年级34人、四年级9人。[①]

在科研方面，由于教师少，每个教师需要承担繁重的教学任务，尚未开展系统的科学研究。正在进行的项目有3项，分别是文圣常负责的利用波浪动力的研究、景振华负责的海水透明度仪器试制和辛学毅负责的标准海水试制。

初 识 海 洋

虽然即墨与青岛的距离不足百里，但胡敦欣上大学前从未到过青岛，也未曾见过大海。1956年8月底，踌躇满志的他来到山东大学报到。山东大学位于青岛市南区鱼山路，校园不大，但树木茂盛，环境优美：一进校门，便是别具一格的西洋风格建筑群；校园内有座小山，名八关山，站在山上，近可俯瞰汇泉湾景区，远可眺望黄海。校园旁边的大学路是青岛最早的街道之一，为学校增添了浓厚的历史文化底蕴。

开学第一天，系主任赫崇本给新生上了第一堂课——海洋学通论。胡敦欣记得，上课前学校大礼堂鸦雀无声，赫崇本精神抖擞地走上讲台，他

[①] 张静：《中国海洋大学大事记》。青岛：中国海洋大学出版社，2014年，第54页。

环顾教室,用平稳、深沉而洪亮的声音讲道:

> 同学们,海洋是巨大的,海洋占据了地球71%的表面积,海洋是万物的摇篮,与人类的生存息息相关……人类在很早就开始了对海洋的探索……财富来自海上,危险亦来自海上,国家的富强与安危需要我们掌握海洋科学……与其他学科相比,海洋学科也是一门年轻的学科……当你们走近这门科学时,改变我国海洋研究落后局面的重任就已经落在了你们的肩上。这是祖国、民族和历史赋予你们的责任……[1]

赫崇本教授结合自己的经历,对大海的深沉、雄厚、神秘进行了生动的讲解和演绎。这些新颖的知识深深地吸引了年轻的胡敦欣,他下定决心好好认识大海,探索全新的海洋世界。

物理海洋学是地学的一部分,既需要扎实的数理知识,又具有很强的实践性。赫崇本特别注重给学生打牢数学和物理的基础,海洋系的数学课和物理课分别使用山东大学数学系和物理系的教材,授课老师也由这两个系的老师担任。

> 当时山东大学海洋系主要是物理海洋,我们叫海流、波浪、潮汐,就是搞动力的。前两年半到三年是基础课,把基础打好了以后,后来(学习)可能就比较方便了。
>
> 数学课老师是数学系的,我现在还记得他的名字叫郭大钧[2]。他比我们也大不了多少岁,但他的概念讲得非常清楚。我记得讲"极限"和"连续"时,他把这两个概念跟物理结合在一起,讲得非常清楚。当时数学、物理基础课老师讲的概念非常重要,后来我们学专业课和

---

[1] 侍茂崇、李明春、吉国:《一代宗师赫崇本》。青岛:中国海洋大学出版社,2014年9月,第46页。

[2] 郭大钧(1934—),四川泸县人。1955年毕业于四川大学数学系。历任山东大学讲师、副教授、教授,数学系主任、数学研究所所长,山东省数学学会第一、二届副理事长。

做研究，都用到"极限"和"连续"的概念。物理课老师叫于良[1]，他的概念也讲得非常清楚。这两个老师给我们打的基础非常重要。[2]

海洋系的专业课授课教师由本系的景振华、文圣常、唐世凤等人担当。景振华（1922—2003），1944年毕业于中央国立大学（现南京大学），获双学士学位。1949年受童第周、曾呈奎邀请，到国立山东大学海洋研究所工作。1952年，协助赫崇本创建了我国第一个物理海洋学系及物理海洋学专业。在那白手起家、百废待兴的年代，景振华与赫崇本、曾呈奎合作编写了新中国第一本《海洋学通论》，首创了我国的海洋学实验。他讲授本科生的海流学、海洋环流课程，讲课逻辑清晰、语言流利，几乎无人能敌。

1956年，山东大学海洋系物理海洋专业改为海洋水文专业，海洋气象教研组扩充为海洋气象专业，当年新入学的海洋系新生被分为甲、乙、丙3个班。胡敦欣被安排在海洋系丙班，由于成绩优异，刚入学便被指派为学生会副主席。

入学后，胡敦欣一如既往地刻苦学习，在他心里，学习是一件必须坚持的、最重要的事。胡敦欣原以为上大学和读中学差不多，只要认真学习、考个高分，大学时光就可以平稳度过。但不久后发生的"晕船事件"，不仅让他接触到大海变幻莫测的"脾气"，也让他认识到海洋学是一门理论和实际相结合的科学。学好海洋，成为一名合格的海洋科研人才，需要的不仅是"考高分"，还要有坚定的意志和克服困难的决心。

入学后不久，（海洋系新生）有个入学实习，就是到海上去看一看真实的海洋，出海体验一下，实际上也就在青岛附近的胶州湾，不到大公岛[3]。我们坐的船是渔船，出海前老师讲："晕船不是病，大家要

---

[1] 于良，20世纪50年代在山东大学任助教，是被称作"中国雷达之父"束星北先生的学生。后任青岛海洋大学（现中国海洋大学）物理系主任。

[2] 胡敦欣访谈，2021年5月20日，青岛。资料存于采集工程数据库。

[3] 青岛市近海海域内一个小岛，距大陆最近点距离约14.8千米。

克服一下，适应以后就不晕船了。"这个话我记得非常清楚，但是说"克服"就没那么简单了，因为上船后我就开始恶心，吐得很厉害。

那个滋味确实很难受，好多人都还没有吐的时候我就吐了，但我记得赫崇本教授讲的：晕船不是病，只要克服以后你就会获得自由。我有这个信心，我一定能克服晕船！①

虽然最后吐得一塌糊涂，但回到学校的胡敦欣心情慢慢平静下来。他思考总结后认为，自己晕船主要是当时太紧张，如果再准备充分，情况应该好些。原来，在出海之前，赫崇本就给大家上了一堂克服晕船和防止呕吐的教育课，并以亲身经验为例，介绍了自己当年在太平洋近一个月的海上航行中，如何从几天都不能进食到后来终于战胜晕船的经过。学校实习辅导员也介绍了有关晕船的知识和注意事项，例如：只要充分准备，晕船是可以战胜的；平常多进行体能训练，提高抗晕船的能力；在船上要减少诱发因素，放松身体、按摩眼部；多吃蔬菜水果，避免肠胃受刺激诱发晕船反应，必要时还可用药物预防。

但不少同学觉得晕船太难受了，甚至有人因此觉得学这个专业太苦了，坚决要求调换专业。胡敦欣虽然也很难受，但他认为，与国家的海洋事业相比，晕船这点苦根本算不了什么，"干事业哪能遇到一点挫折就要放弃？"有了正确认识和充分准备，胡敦欣就有了战胜晕船的勇气和信心。

第二次的海上实习是教学实习，比第一次的见习实习可复杂多了。教学实习的目的是巩固海洋学和海洋调查方法等课程学习的内容，在船上进行海洋基本要素如海水温度、海流速度的测量。比如，用绞车将海洋采水器和海流计轮流放下，采集水样、观测海流和测量温度，进行分析计算等，和实际的海洋调查过程基本一样。这次实习，胡敦欣放松了很多，严格按老师要求的注意事项进行。虽然还是很难受，但自我感觉好了很多，关键是没有呕吐，他感觉自己开始掌握战胜晕船的方法了。

在专业知识学习方面，胡敦欣也一直抓得很紧。加上高中数学、物理

---

① 胡敦欣访谈，2021年5月20日，青岛。资料存于采集工程数据库。

等理科成绩比较好，为他学好海洋专业课打下了基础。胡敦欣认为，学生最主要的任务就是学习，所以他把自己的精力都放在学习上，没有顾及其他：

> 当时我有个想法，自己上了大学，搞了海洋，将来一定要当一个大科学家，因为国家号召年轻人要向科学进军。1957年由于整风、"反右"运动，很多人不上课了。但我对那些东西不感兴趣。我的兴趣是什么？就是一定要好好学习，将来当大科学家。
>
> 当时学校大众礼堂有个自修室，我每天晚上都去。有一个学长也每天都去，就坐在我旁边，我觉得他是一个很好的榜样，心想一定要向他学习。①

那段时间，胡敦欣的生活变成了三点一线：教室—大众礼堂—宿舍。每天上完白天的课程，晚饭后他就到大众礼堂自修，一直到晚上11点才回到宿舍休息。大众礼堂的学习氛围浓厚，同学们都在一心一意地学习。

努力没有白费，胡敦欣的学习成绩很快就名列前茅，并一直保持在年级前几名。他申请到了每月12元的助学金，在很大程度上减轻了经济负担。

除了学习上的严格要求，作风的培养也是赫崇本教书育人的特色。他认为："学生成才就是要处处作风过硬。"另外，赫崇本始终坚持实践是第一性的原则，常说："海洋学是一门实践科学，不仅需要现场实践，还需要室内实验与模拟实验，如果培养出来的学生都是些'陆地海洋学家'，那我们就失败了。"他要求海洋系学生在大学四年的学习期间，除完成规定的基础理论学习，还要有针对性地出海4~5次。其大致安排是：一年级海上见习实习、二年级海洋调查实习、三年级海上生产实习、四年级海上毕业实习。这样的安排被海洋系师生称为"赫崇本教学四重奏"。经他培养

---

① 胡敦欣访谈，2021年5月20日，青岛。资料存于采集工程数据库。

的学生，既具有扎实的基础理论知识，又具有丰富的海上独立工作能力、组织能力和应变能力。

即使是每一次出海实习前的准备工作，赫崇本也有详细、严格的要求。比胡敦欣早入学一年的侍茂崇[①]曾回忆当年的情形：

> 1957年5月25日上午8时，我们做出海之前的技术训练。按照赫先生的要求，技术训练要和实战一样，不得偷懒、不得装模作样。我们将五台绞车抬出海洋馆，放在"一多楼"[②]前的高台上，然后用铁丝将绞车固定住。每个组发给两个记录夹，分别夹着"海流观测记录表"和"温度观测记录表"，以及削好的铅笔和用线系好的小刀，唯独没有我们喜欢用的橡皮！我们向指导老师提出要配备这个东西，指导老师那不苟言笑的脸一下子拉长了："系里规定学生实习禁用橡皮，写错了只能用铅笔拦腰画一细杠，然后在旁边写上正确数字！"刚开始先练习写字，要求每个记录都要用仿宋体，直到指导老师逐个检查满意为止；然后是操作训练，熟悉要使用的仪器性能，练习仪器设备的收放，对摇绞车、放仪器、管记录的三个人的位置作出明确规定，甚至是读取温度表的姿势也有明确的要求，即眼睛平视、暂闭呼吸。当时的一个小插曲我还记忆犹新：五月的太阳火辣辣地已经把我们照得头脑昏昏，一个小师妹要求配上一顶草帽，立即遭到严词拒绝，被斥为"小姐脾气"！[③]

正是在赫崇本这种严格的训练和要求下，胡敦欣和同学们的出海作业能力有了很大提升。

[①] 侍茂崇（1935- ），江苏宿迁人，海洋学教授。1955年考入山东大学海洋系，1959年毕业后留校任教。

[②] 闻一多先生故居，位于青岛市鱼山路中国海洋大学校园东北角。

[③] 侍茂崇、李明春、吉国：《一代宗师赫崇本》。青岛：中国海洋大学出版社，2014年，第88页。

参加第一次全国海洋普查

按照赫崇本的教学计划，1958 年，大三的胡敦欣要参加一次海上生产实习。生产实习要求学生参加具体调查任务设计，即与相关单位一起选定调查海区、决定出海日期、设计调查方案、制定调查路线、确定观测内容、准备使用仪器、安排值班顺序等。然后随船出海，既是观测员又是质保员，调查结束后，要将原始资料整理成报表并归档。经过这次实习，学生可以基本掌握海上既定任务的调查全过程。

不过，胡敦欣所在的年级没有参加生产实习，取而代之的是中国海洋事业发展过程中的一件大事，那就是新中国第一次全国海洋综合调查。

这件事要从 1956 年说起。1956 年 3 月，国务院成立科学规划委员会，编制了《1956—1967 年科学技术发展远景规划》（简称"十二年科技规划"），并将"中国海洋的综合调查及其开发方案"列入该规划附件《国家重要科学任务说明书》第七项，为我国海洋科学的发展勾画出一幅宏伟蓝图。这是中国历史上首次将海洋科学研究列入国家科学技术发展规划。[①]其中描述了我国海洋事业中急需开展的工作任务：

> 为了制定我国海洋开发与利用方案，须大力开展海洋水文、气象以及生物、地质、化学等方面的综合调查，编制和出版海洋图集。通过资料分析、模型实验和理论研究，掌握我国广大近海地区海流、潮汐、海浪的特征及其变化的规律，以建立海洋水文、气象预报系统。进行海洋生物、化工原料和矿产的调查研究，了解这些资源的分布，掌握经济海产生物的生活习性。

---

① 蒋兴伟：《中国科技之路：海洋卷 观海探洋》。北京：海洋出版社，2021 年，第 11 页。

为落实"十二年科技规划",国务院科学规划委员会海洋组制定了《1957—1969年海洋科学技术发展远景规划（纲要）》；同时,在"两弹一星"元勋赵九章[①]担任组长的海洋组全面规划和领导下,自1958年开始,全国10个部门60多个单位共同协作,先后在渤海、黄海、东海和南海开展了一场声势浩大的全国海洋综合调查。

1958年开始的全国海洋综合调查,在新中国海洋开发研究史上具有划时代的意义。这次普查范围包括我国大部分近海区域,在北纬28度以北的渤海、黄海、东海海区布设了47条调查断面、333个大面积巡航调查观测站（简称大面观测站）和270个连续观测站；在南海海区（含北部湾中越第一次合作调查区域）内布设了36条断面、237个大面观测站和57个连续观测站；在浙江省、福建省沿海的两个海区内布设了8个调查断面和54个大面观测站,进行了8个月的探索性大面调查（受当时条件的限制,东海区台湾省附近海域和南海区大片海域未能进行调查）。

当时我国海洋科技力量薄弱,开展如此大规模的、复杂的全国海洋普查十分困难。国家科委海洋组经过慎重考虑,认为必须动员全国力量来完成这项工程,并提出了"军民协作、党委重视、首长挂帅,三年完成'十二年科技规划'中规定普查指标"的号召。这个号召立即得到全国海洋战线有关单位的积极响应,大家从发展我国海洋科学事业的角度出发,无私地为海洋普查提供人才、船只和仪器设备。山东大学、华东师范大学、南开大学、中山大学、厦门大学、暨南大学、上海水产学院（现上海海洋大学）等还调集了有关专业尚未毕业的高年级学生约200人参加。

1958年8月6日,全国海洋综合调查培训班在山东大学科学馆内举办,参加培训的有150多人[②],其中有山东大学海洋系的80多名学生,其余人员来自中国科学院、水产部和海军系统。胡敦欣参加了此次培训。

---

① 赵九章（1907-1968）,河南开封人,博士毕业于德国柏林大学,气象学家、地球物理学家、空间物理学家,中国科学院学部委员。

② 张静：《中国海洋大学大事记》。青岛：中国海洋大学出版社,2014年,第62页。

听了律巍部长和学校党委的报告,特别是当提到我们的海图(使用的)还都是外国的资料,我们海区的海况敌人了解而我们自己却很少了解。作为一名海洋专业的共青团员,想到这些,自己的决心就更大了。另外,这项工作是史无前例的,所以参加这项工作也深感光荣。①

培训结束后,他被安排到东海调查队,来到位于浙江省舟山群岛东南侧沈家门渔港附近的海洋观测站。东海调查队此次的调查任务是开展东海舟山渔场海洋渔产的调查研究。这项调查不仅可以掌握鱼类的生活规律,还可以正确估计鱼类资源量,以便制定合理的生产任务。

舟山渔场是我国最大的渔场,位于杭州湾以东、长江口东南的浙江东北部,以大黄鱼、小黄鱼、带鱼和墨鱼四大经济鱼类为主要渔产,素有"祖国鱼仓"之称。沈家门渔港位于舟山群岛东南段,古称"四山环拥、对开两门",是一处天然避风渔港,据传舟山海上有"十六门"之多,沈家门是其中最大的一个。

抗日战争和解放战争时期,沈家门渔港遭到严重破坏,尽管新中国成立后进行了一定修缮,仍显得十分破败。1958年全国海洋综合调查开始时,各指挥部与调查队驻地房屋都是临时搭建的简陋建筑,工作与生活条件很差,使用的调查船是临时调集的小渔船,海上工作更是十分艰辛。面对这种情况,胡敦欣他们这群年轻的学生不畏艰苦,服从工作分配,按照各项规定和技术要求,不折不扣地做好自己的岗位工作。

海洋渔场调查研究是一项非常紧张而复杂的工作,调查人员要不分昼夜地进行海洋观测和研究分析,经常要面对海上的暴风巨浪。调查要素也很广泛,包括海水的物理性质(如温度、盐度等)和化学性质,海水中的浮游生物(它们是鱼的饵料)以及鱼类本身的各种生物特征,这些都影响着鱼类的洄游及渔场转移,控制着鱼类的生长和繁殖,因此需要周密的调查和科学分析。

---

① 胡敦欣:参加普查一年多来个人总结。1959年,未刊稿。资料存于采集工程数据库。

当时我国的海洋调查手段十分落后。例如，对海水温度的测量用的还是原始的颠倒温度计。测量时，胡敦欣他们两人一组，一个人看表，另一个人记录；记录一次后再交换进行检查。两个人的读表结果误差不能超过 0.02℃[①]，以提高观测数据的准确性。由于温度计的数字很小，临时调集的小渔船稳定性也差，近距离看温度计上的数据会加剧晕船。遇到风浪大的天气，一些调查队员一边读数据，一边忍不住"哗啦啦"地吐。即使这样，他们也毫无怨言，因为他们深知数据的准确性是最重要的。

海流观测也是一项单调、辛苦的基础工作，但它对海洋学研究十分重要。观测海流用的是埃克曼海流计，是靠数小球来计算流速的。每观测一个水层的海流，必须把海流计拿上来数一数、看一看。手摇绞车的钢丝绳是海流计提上、放下的工具。为了抵抗海水流动引起的钢丝绳倾斜，绳末端还要系一个 15 千克重的大铅鱼。正常的海流观测，每小时至少要收、放 400 米长的钢丝绳 1 次，一天下来要收、放数千米甚至近一万米。沉重的钢丝绳加上大铅鱼，都是靠人力摇上摇下，很费体力。

在开展海洋普查过程中，还出现了一个意想不到的情况，就是应对韩国（当时称南朝鲜）对我国正常开展海洋普查工作的破坏。那时抗美援朝战争刚刚结束，朝鲜半岛形势依然严峻，南朝鲜政府一直采取敌视中国的政策。我国开展全国海洋综合调查只是在中国近海海域进行，根本不涉及他国的海洋权益，但依然受到了干扰和破坏，尤其在胡敦欣参加调查工作的东海海区。

为保障参加普查人员的安全，我国派出军舰对参加普查工作的船只进行护航。有机会与海军战士接触，并和他们一起完成祖国光荣的普查任务，胡敦欣和同学们都十分高兴。当年承担海洋普查保障工作的海军老战士张维久清楚记得当年的护航情形：

> 我当时在海军第 71 大队服役，轮流出海护航。有一次，调查队员直接登上我们舰，去执行航次调查任务。船舷边临时安装了绞车，

---

① 冯丽妃、廖洋：探脉海洋，解码波流奥秘.《中国科学报》，2020 年 4 月 29 日。

大量的调查用具都是他们自己往船上搬运。这是我第一次近距离接触普查科考队员，他们文明礼貌、谦虚谨慎，他们的脸被海风吹得黑黝黝的。

调查队员在工作时，有的几次呕吐之后，擦一把脸上的海水和泪水，有时还会来一个傻笑，摇摇头接着工作。浪花经常把衣服打湿，他们穿着水鞋全副武装，昼夜轮流上岗。到站前要提前做好各种准备工作，非常紧张。手摇绞车可是个力气活，特别到深水站位，铅鱼的重量、开网后的水阻力和钢丝绳的重量加在一起，摇起来非常吃力，我心想这些"秀才"可真不一般。现在想想，真不知道他们当时是怎么硬着头皮、咬紧牙关、顶着大风大浪、克服晕船和疲劳闯过一道道难关的。艰苦工作了三年，终于圆满完成了全国海洋普查的科考任务，获得了完整的宝贵资料。他们是真正的英雄，说他们是中国的保尔·柯察金也不为过。我不知道他们的名字，只知道他们是海洋普查队的知识分子。

我十分钦佩他们克服晕船、坚守岗位的崇高精神，十分钦佩他们在极其困难的条件下，吃不好、睡不好、空着肚子、咬着牙、受着潮湿和寒冷，仍能认真坚持工作的大无畏精神。他们是最可敬的人！[①]

从1959年1月开始，全国海洋综合调查在中国近海全面铺开。因技术人员十分短缺，胡敦欣在东海参加调查几个月后，于1959年初被安排到南海支队，先后在广州石榴岗、湛江基地和广西北部湾等地开展海洋普查。由于调查人员有限和客观条件限制，有些调查观测工作异常辛苦，如海流观测和潮汐观测，需要在预定观测点位开展连续24小时不同深度海流要素测量和潮汐测定工作，工作量非常大。

南海天气多变，雨多风大，胡敦欣开始很不习惯。刮风下雨对海上作业影响很大，但当时的天气预报既不及时也不准确，后来他就自己做天气预报。经过一段时间的观测，他发现有一种云（他称为"钩卷云"）一旦

[①] 张维久：1958年海洋普查护航真实情况报告。2021年9月24日，未刊稿。资料存于采集工程数据库。

出现，就预示着风雨极可能很快就要来了。

胡敦欣先是在位于潮汕的观测站参加调查。为了让所有参加普查的学生都能掌握不同海洋要素的调查方法，潮汕观测站将调查人员分为几个观测小组，如海流组、气象组等，定期调换。胡敦欣担任海流组组长。组长的职责很重要，不但要保证组内任务按时完成，而且要严把普查资料质量关，落实仪器定期送校制度、数据现场核对复测制度、资料"三校"存档制度[1]、质量评比奖惩制度等。

虽然工作条件艰苦，但大家的工作热情都很高。按照全国海洋普查领导小组要求，胡敦欣带领大家开展普查红旗竞赛和争当普查"五好队员"（工作好、学习好、思想作风好、爱护仪器好、文体好）活动。每次活动都搞得很正规：

> 首先作动员报告，提出要求和措施；然后大家讨论，做到人人制订"五好计划"、个个争当"五好队员"。队与队、组与组、个人与个人之间展开竞赛，争取立功，争取红旗。在墙报上互相表决心，挑战应战，写汇报谈感想，呈现出热情高涨、干劲十足的气象。

在南海区参加海洋普查工作时，胡敦欣还遇到过几次危险情况。1959年3月下旬，他带领调查队员在广西北部湾涠洲岛附近开展海流和潮汐观测调查，当天的天气预报是"晴、无大风"。但当时的天气预报非常不准，胡敦欣等人在海上作业时，突然遇到台风，不一会儿，平静的海面上惊涛万顷，狂风怒号，大浪狠狠地砸向调查船。船舱晃动厉害，周围温度剧降，胡敦欣和调查队员们只能爬到相对暖和的调查船烟囱旁，与死神近身搏斗。[2] 好在最后大家都平安无事。但这件事对胡敦欣触动很大，他意识到大海的神秘和威严。只有掌握足够的知识，弄懂它的喜怒哀乐，了解它的变幻莫测，才能算得上真正认识大海、驾驭大海。

---

[1] 为了保证记录数据的准确性，每一张观测记录报表除制表人签字，还需要校对人、复校人、审核人签字。

[2] 廖洋：耕海踏浪，谱蔚蓝华章。2021年，内部资料。存于中国科学院海洋研究所。

1959年秋，由于在全国海洋综合调查工作中表现突出，胡敦欣作为南海区的代表前往位于天津市塘沽区的全国海洋综合调查办公室，汇报南海普查成果。在全国海洋综合调查办公室，他见到了赫崇本，并向他详细汇报了南海普查的工作和取得的成绩，还提到自己在广东汕头和海南清澜港外发现了海洋上升流的情况（出于谨慎，他在工作时一直没有对外提及）。赫崇本听完汇报非常高兴，现场就在海图上对胡敦欣带来的原始观测数据和计算过程等进行检查，最终确认了这两项发现。这两项成果最终写入全国海洋普查报告。

　　海洋上升流是海表面以下沿直线上升的海流，由表层流场产生水平辐射所致，通常发生在大海沿岸地区，是一种垂直向上运动的洋流。受风力吹送，表层海水被推离海岸，致使海面略有下降，为达到水压的均衡，深层海水补偿上升，形成上升流。上升流会把深层海水大量的营养盐带到表层，为鱼类提供丰富的饵料，世界上上升流显著的海区如南美大陆西岸的秘鲁、非洲大陆最东段的索马里，都是著名的渔场。

　　汇报结束后，胡敦欣又回到南海区继续普查工作，一直到1960年1月海洋普查外业调查结束才回到学校。

　　回校之际，胡敦欣对这次全国海洋普查工作进行了个人总结，他认为参加这次普查不仅对学业进步非常有帮助，更是自己人生的一次飞跃。

　　　　（1958年）9月到东海出海两次，工作中虽然自己晕船较厉害，但还是坚持下来。11月接到来南海工作的消息，自己是很高兴的。到了南海，1—3月的大部分时间是在海上观测，虽然自己不是（南海区）区队干部，但总觉得自己是老同志，所以各方面比新同志做得多些、好些也是理所当然的……特别是在资料的质量方面，无论是对自己还是对同志要求都比较严格，发现什么问题及时提出来，引以注意，保证了资料质量。

　　　　克服晕船方面，虽然晕船难受，但这不是病，而且自己是学海洋的，所以应该积极锻炼。加上自己是老同志，应该给新同志做个样子，所以没有因晕船而影响工作。

自己所担任的工作（观测工作或资料整理）能做到认真负责，也能细心地去钻研问题，所以一直没有漏测等不合要求的现象。对新同志能做到耐心地帮助，使其很快地掌握业务。在仪器的爱护方面，能从思想上引起重视，也能和新同志一起做好仪器的爱护和保管工作，如常和新同志一起谈谈如何注意仪器的使用方法和保管方法。

在船上工作除了专组专班工作完成外，还能做到帮助其他同志、其他组（如化学组）工作。

由于工作的需要，4月到9月被调至陆上担任水文专业副组长。最初自己一方面想：海上生活比陆上艰苦些，在锻炼和改造自己的思想方面更为有力；另一方面想：海上工作大家一起已经很熟了，各方面也都了解，有点不愿离开同志们（同志们的干劲都很大、对自己的鼓舞也很大），又认为陆上没多少工作可做，反正各区队把资料整好交上就行了。但当时自己也考虑到这是组织的需要，一定要服从组织的调动。来到陆上后，经领导说明陆上工作怎样重要，加上自己工作所遇到的问题，使自己认识到陆上工作的意义，从全队工作出发，应该安心于陆上工作。所以在陆上工作是比较安心的，对这项工作也是有信心搞好，特别是开始，不但资料乱，就工作方法来说也一点没有头绪，但自己并没有失掉把工作搞好的信心，再加上组织上不断地帮助和支持，所以劲头就更大了。工作由不会到可以掌握，和同志们一起逐渐摸到了些经验，得到了些教训，工作方法逐步得到改进，效率也逐渐提高，在几次苦战中能和全组同志一起完成工作任务。

从4月到陆上之后，直到7月初，还接受了组织交给自己的另一任务——负责两位越南同志的实习工作。当时很高兴地接受了这一光荣的任务。虽然除了白天给他们讲课外，晚上和苏志清同志研究组内工作常到深夜，但情绪一直是饱满的，因为自己觉得工作任务越繁重，对自己正是一个好的锻炼机会。在领导的帮助下，如期完成了这项光荣的任务，效果比较好。完成组织交给任务内心高兴。

经过几次苦战，资料于7月基本清理补交。党支部提出坚决完成"十一"献礼项目，为今后科研工作打下基础。自己是海流组组长，所以和同志们一起投入了这个战斗，决心也很大。那段时间里，晚上经常睡得很晚。由于组织的教育和鼓舞，所以自己并不觉得累。最后于8月初，经同志们的努力，海流组的献礼计划预期完成了。

8月中至10月初，到塘沽参加了献礼项目的汇总工作。在那里虽然身体不太好，但仍完成了组织上交给的任务，坚持工作。

10月和11月出海工作情况基本和以前一样，让自己出海很高兴，觉得是锻炼自己的好机会。当时组织上叫自己任副区队长，从出海准备工作到海上工作也如期完成了工作任务。

总之，由于在一开始参加普查时认识到这项工作的意义和自己应尽的义务，所以工作是安心的，对组织交给的工作能坚决地去完成，工作中表现得也比较主动。①

1958年启动的全国海洋综合调查收获颇丰，取得了系统全面的基础性海洋资料，掌握了我国近海水文、化学、地质和生物等海洋要素的基本特

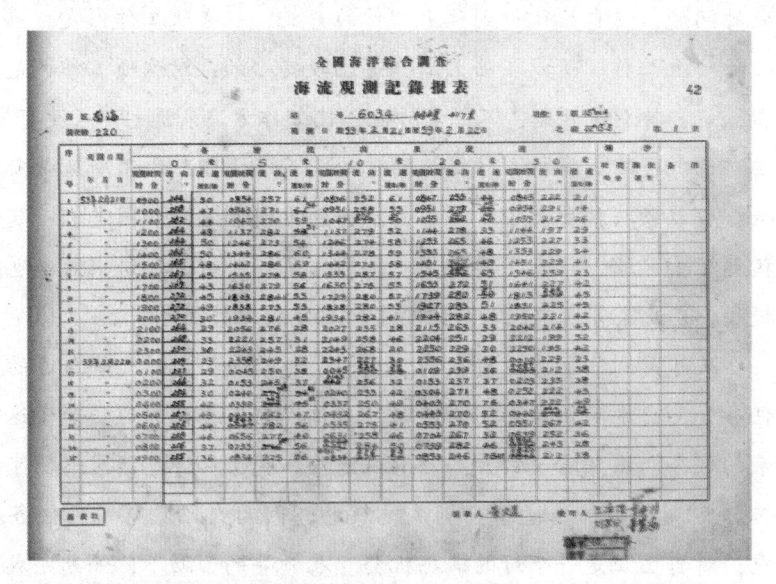

图2-3　全国海洋综合调查南海区海流观测记录报表（资料来源：中国海洋档案馆）

---

① 胡敦欣：参加普查一年多来个人总结。1959年，未刊稿。资料存于采集工程数据库。

征和变化规律，改变了我国缺乏海洋基础资料的被动局面，培养锻炼了一支海洋科技人才队伍，为我国海洋科学事业的进一步发展奠定了坚实的基础。全国海洋普查的外业调查结束后，工作重点转入内业，即整理调查资料阶段。国家科委海洋组办公室组织对外业调查资料进行了整编，经过三年共同努力，终于建立起第一套确实能反映出整个中国海洋客观事实、准确无误的资料。这次调查基本厘清了我国近海的自然环境与资源状况，为我国开发海洋、保护海洋、预报海洋和发展海洋奠定了良好的基础，在我国海洋科学发展史上树立了第一座里程碑。

获评"五好队员"

1960年1月，首次全国海洋综合调查外业调查工作结束。因表现突出，胡敦欣被海军湛江基地调查队评为"五好队员"。"五好队员"是参加此次海洋普查工作人员的最高荣誉，胡敦欣的评审材料中这样记述：

> 工作方面，一贯积极主动，埋头苦干，踏踏实实，认真负责。通过东海两个月的调查工作，很快就掌握了海上操作和资料整理的工作。在广州建队时，成为海洋调查短期班的一位称职教员，能虚心细致地培养新队员。在海上工作时不怕苦、不怕累，担任值班班长，以身作则，虽然晕船呕吐，但坚持工作。……在工作中从未有过虚报、漏填、漏测的现象。当给养不够时，主动提出以完成工作任务为前提，不回基地补给，在吃喝上吃点苦没关系。出船准备工作做得十分细致，如出海时需要的用表，别人检查好几次没发现有漏缺的，他一经检查就可发现，马上纠正过来。去塘沽办公室写总报告向国庆十周年献礼时，带病坚持工作，完成编写任务。越南同志来队学习时，领导让他负责教学工作，两个多月来，和国际友人相处很好，并能使越南同志很快掌握调查业务工作。

学习方面，不论政治学习和业务学习都能抓紧。通过实际工作锻炼，熟练掌握了海上操作和资料整理。边工作边教新同志学习业务，由于教学有方，有的新同志称他为"胡师傅"。

思想作风方面，思想稳定，作风正派，对海洋普查工作的重大意义有正确的认识。从不计较个人得失，一贯情绪饱满，全心全意为海洋科学事业服务。和同志们相处很好，安心本职工作，服从组织分配的任务。

爱护仪器装备方面，出航前能领导组内同志细心做出航准备，如固定和安装仪器，返航后及时清洁和保养仪器，仪器损坏时能够修理，一年多来，从未有损坏和丢失仪器的现象。

文体活动方面，不间断地参加早操和工间操，队里组织的球类活动都能积极参加，义务劳动都是主动参加……积极组织大家学唱歌，对活跃部队文娱生活起到一定作用。①

1960 年初，胡敦欣乘火车返回青岛。望着战斗了一年多、渐渐远去的湛江基地，他想到了很多："一年半前，作为参加全国海洋普查的 200 多名大学生中的一员，自己虽有一些海洋专业理论基础，但缺乏实践工作经验。经过一年多严格的实践训练，初步具备了海洋调查人员的水平和能力，既取得了成绩，也锻炼了自己。"

听着火车的开动声，胡敦欣不禁想起几个月前刚刚去世的爷爷。那天中午他正在值班，队里的同事突然说："老胡，有你的信。"看到信封上熟悉的字迹，他欣喜而急切地打开信封，万万没想到，信中竟是爷爷去世的消息。他十分悲痛，连续好几天脑海中都是小时候爷爷给他讲故事的场景。胡敦欣知道，爷爷一定是怕影响自己学习，才不让家人把生病的消息通知自己。虽然没有见到爷爷最后一面，但他知道爷爷最想跟他说的话，爷爷一定是想跟他说，要做一个负责任的、对国家有用的人！

一年多的海洋普查经历和爷爷的期望，让胡敦欣第一次对"理想"和

---

① 海军湛江基地：胡敦欣同志评为五好队员材料．1961 年，未刊稿．资料存于采集工程数据库．

"事业"有了比较清晰的认识。虽然大海让人难以捉摸，时而平静如一面明镜，时而暴怒涌巨浪狂澜，但大海的深邃与广阔让他迷恋，特别是通过参加这次大规模的海洋普查，他第一次亲眼看到祖国的海洋那么大、那么美，作为国家最早培养的海洋专业大学生，一定要学好本领，把它研究透、建设好！

第三章
立志科研　拜师大家

20世纪50年代末，中国高等教育经历了一场深刻的变革。1959年，在著名海洋学家赫崇本的倡议下，新中国第一所专门培养海洋科技人才的高等学府——山东海洋学院（今中国海洋大学前身）正式成立，标志着中国海洋科学教育迈入新阶段。胡敦欣，这位来自山东即墨的年轻学子，恰逢这一历史转折。在山东海洋学院，他如饥似渴地汲取知识，取得了优异的成绩。毕业之际，恰逢中国科学院海洋研究所的毛汉礼教授开始招收研究生，胡敦欣面临人生的一个重要选择：是直接投身工作，还是继续深造？

山东海洋学院

结束全国海洋综合调查后，回到学校的胡敦欣发现挂在学校门口的校牌已由"山东大学"换成了"山东海洋学院"。

1952年6—9月，我国大规模调整了全国高等学校的院系设置。8月，山东大学成立院系调整委员会，制定了《山东大学院系调整方案》，其总体设想是：除医学院暂时保留外，取消院一级建制，学校设中国语言文学、外国语言文学、历史学、数学、物理学、化学、动物学、植物学、水产学、海洋学10个系。

山东大学院系调整的规模和力度非常大，特别是其主体要迁往济南，过程十分复杂。1958年9月26日，学校分批迁往济南。10月26日，搬迁工作完成。

学校主体迁往济南后，留在青岛尚有海洋系、水产系、地质系、生物系的海洋生物专业、物理系和化学系的部分教研组。1958年11月初，在青岛成立了由成仿吾[①]、高云昌[②]、赫崇本等人组成的山东大学（青岛）校务委员会。1958年底，赫崇本去北京参加国家科委海洋组会议，会议休息时间，他向海洋组组长、海军副司令员罗舜初和国家科委副主任武衡汇报了自己的想法——在山东大学青岛分部的基础上创建一所海洋学院。他说："中国有数千米漫长的海岸线，有丰富的海洋资源，可是我国现在是'有海无疆'，海防支撑力量严重不足，无法满足未来海上战场建设的需要。究其原因，海洋科学和海洋教育落后是一个重要因素。"

赫崇本的中肯陈述，与他构建一所亚洲第一、专门从事海洋教育和科研的大学的深思熟虑引起了罗舜初和武衡的共鸣，同时让他们深切地感到我国海洋科学远远落后世界的现实状况，确实应该组建一所专门培养海洋科技人才的教育基地。他们欣然同意联名上书中央，力主创建我国的海洋学院。意见上报后，中央书记处对此极为重视，同意筹建山东海洋学院，并指示山东省委尽快提出详细报告，上报中央及有关部门。很快，山东省委给中央送交了请示报告，报告中写道：

> 为了开发祖国海洋资源，发展科学事业，适应国防需要，拟将我省青岛原"山东大学海洋系"及有关专业，合并改造为"山东海洋学院"。学院由五大学科作为支柱，它们是海洋水文气象、海洋物理、

[①] 成仿吾（1897-1984），湖南娄底人，日本东京帝国大学毕业。1958年8月-1974年1月任山东大学校长。

[②] 高云昌（1923-1989），山东平度人，历任山东大学党委副书记，山东海洋学院党委副书记、副院长。

海洋化学、海洋生物和海洋地质地貌。同时，把山东海洋学院定为国家重点大学，以此保障国家投资和师资力量。

1959年3月30日，中共中央批准了山东省委上报的《关于成立山东海洋学院的请示报告》，同意成立山东海洋学院；同意先设立海洋水文气象、海洋物理、海洋化学、海洋生物、海洋地质地貌5个系，学制四年；所需资金由山东省及国家有关部委协助解决；列入当年高等院校招生计划。就这样，新中国第一所、亚洲唯一的专门培养高级海洋人才的高等学府——山东海洋学院在青岛正式挂牌。①

站在学校门口的胡敦欣深深感到国家对海洋工作的重视，一个新的海洋时代正在孕育。同时，更意识到自己作为一名海洋专业的大学生肩上的责任。"以青春之我，创建青春之家庭，青春之国家，青春之民族，青春之人类，青春之地球，资以乐其无涯之生。"革命先烈李大钊于1916年发表的《青春》，似洪钟大吕，萦绕在胡敦欣的耳畔。

有了这样的想法，回校后的胡敦欣一头扎进书堆里，生活重回三点一线，每天的时间都非常紧张。虽然马上就要毕业，但胡敦欣对个人去向并不考虑太多，他认为还是先学好知识、掌握好本领再说。

经过大半年心无旁骛的刻苦拼搏，胡敦欣终有了收获：他的主要专业学科，如海流学、

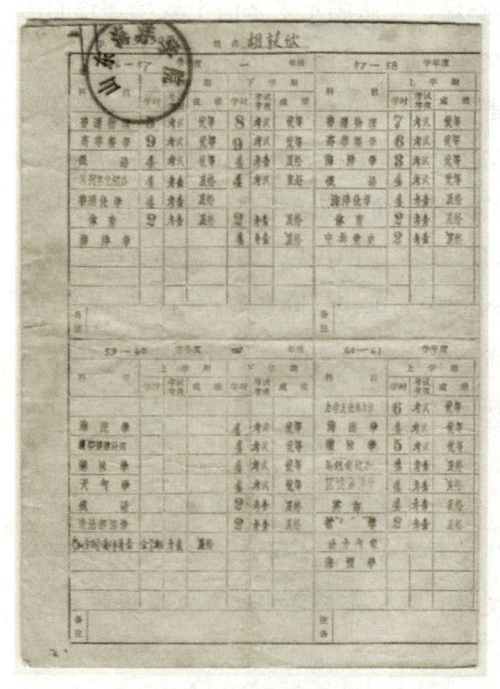

图3-1 胡敦欣的大学成绩单

---

① 侍茂崇、李明春、吉国：《一代宗师赫崇本》。青岛：中国海洋大学出版社，2014年，第52页。

潮汐学、力学及流动力学、天气学等考试成绩都是"优等"。他现在面临的只有一件事，就是毕业后的去向。

当时，中国的大学生十分稀缺，毕业后分配到一个好的工作岗位肯定是没有问题的。但大学的学习经历激励了胡敦欣，也改变了他，他想成为赫崇本、文圣常那样有大学问的人，成为能够为国家海洋事业作更多贡献的人。然而，面前只有参加工作一条路可走，因为当时本科已是国内海洋学科的最高学历。正当他心灰意冷、壮志难酬之际，突然传来了一个好消息：中国科学院海洋研究所的毛汉礼教授开始招收研究生了。因参加全国海洋综合调查而延迟一年毕业的胡敦欣，阴差阳错地赶上了这次研究生报考，并在众多报名者中脱颖而出，成为最终被录取的三名研究生之一。

让胡敦欣没想到的是，自己继续读书的想法遭到家庭成员的一致反对，理由有两个：一是胡敦欣已经是大学毕业生了，应该赶快工作，有了工资还能贴补家用。二是胡敦欣已经 25 岁，到了成家的年龄。

胡敦欣态度坚决，他认为自己选择学习海洋专业是"国家的需要"，是经过深思熟虑的决定，一定要学有所成。这次全国海洋综合调查的实践让他意识到，自己的专业知识和动手能力非常不足，如果不继续学习深造，根本不可能成为国家急需的高层次的海洋科学人才。而且这次读研机会难得，如果不是因为参加全国海洋综合调查毕业晚了一年，自己都没有参加研究生考试的机会。

胡敦欣想要继续学习海洋专业还有一个重要的原因，通过几年的大学学习和一年多的实践，他对我国海洋科学的发展有了新的认识。他认为，从历史上看，我国的海洋科学技术发展是一个"先扬后抑"的过程：中国从唐朝末年开始利用海洋资源，至宋元时期，从海外贸易中获取了巨大财富，成为当时的海上强国。15 世纪以前，中国的海洋科学实际上并不落后，这说明中国人是可以驰骋海洋的。然而"片板不得下海"[①]政策，拉开了中国 300 年的"海禁"序幕。明清时期，西方海洋学科大踏步前进，中国却错过了这一发展机会。

---

① 明朝的海禁政策，指的是未经官方允许，民间禁止私自出海同外国进行贸易。

胡敦欣认为，现在是新中国发展的最好时期，也会是海洋事业大发展的时机。中国科学院海洋研究所是中国第一个海洋专业研究所，毛汉礼又是从美国学成回国的著名海洋学家。因此，跟随毛汉礼学海洋知识，这么好的学习机会怎么能放弃呢？

最后，双方争论的结果是各退一步：胡敦欣答应尽快解决"个人问题"，家里也不再反对他继续学习深造。

师从毛汉礼

中科院海洋所是我国海洋科学的发源地，在我国海洋基础研究领域做了许多奠基性和开创性的工作。关于它的建立和发展，曾呈奎所长曾于1980年8月1日在其成立30周年大会上这样回顾：

> 我国的海洋科学研究在1949年前基本是空白。新中国成立后，党和政府对海洋事业给予了极大重视和关怀。中国科学院成立后，于1950年2月派遣一个以吴征铠[①]同志为首的三人小组来到青岛市军管会[②]和人民政府商讨在青岛组建海洋研究机构。在青岛市政府和山东大学的支援下，于1950年8月1日建立了"中国科学院水生生物研究所青岛海洋生物研究室"，这就是中科院海洋所的前身。
>
> 青岛海洋生物研究室刚成立时，科研人员只有10人。1950年10月，中国科学院北京动物所的海洋动物研究小组和水生生物研究所的海洋浮游植物研究小组调整到青岛，又聘请了几位兼职研究员，科研人员增加到二十多位。
>
> 1954年1月，青岛海洋生物研究室改称"中国科学院海洋生物

[①] 吴征铠（1913-2007），上海人，我国著名物理化学家、放射化学家和化学教育家。

[②] 军事管制委员会的简称。解放战争末期，中共中央根据当时错综复杂的形势，决定在新收复的城市中实施军事管制制度，以军事管制委员会统一领导城市的军政工作。

研究室",由院部直接领导,并已初具规模。1956年国家成立了气象海洋组,制定了"十二年科技规划"。在这一背景下,海洋生物研究室规划确立了以调查为主的发展方针,以便取得我国海洋的第一手资料,改变历史上海洋工作完全依赖外国调查资料的被动局面;同时采取紧急措施,由国家调拨一艘千吨级拖轮,改装为海洋综合调查船。经过一年的努力,我国第一艘海洋综合调查船"金星"轮终于胜利改装完成,从1957年起就一直活动在伟大祖国的海洋上,为系统汇集我国海洋的第一手资料作出了显著贡献。

1956—1957年,海洋生物研究室有了飞跃发展。1957—1958年,开展了北黄海及渤海的海洋调查。在全国海洋普查活动中,海洋生物研究室全力以赴,承担了大部分调研项目的技术指导和业务工作。1959年1月,中国科学院决定在海洋生物研究室的基础上成立"中国科学院海洋研究所"。从此,中科院海洋所进入新的历史阶段,充分发挥多学科综合性海洋研究的特点,向海洋科学的各领域全面进军。[①]

1961年6月,胡敦欣来到中科院海洋所报到。他感到自己特别幸运:一是他的导师为我国著名海洋学家毛汉礼教授;二是他成了新中国海洋学科的第一批研究生;三是他认为自己的性格比较内向,与到生产一线相比,更适合从事科研工作。

办理好报到手续后,一名工作人员把胡敦欣带到了毛汉礼的办公室。毛汉礼见到他很高兴,国内海洋人才短缺一直是令他十分头痛的问题。1956年,为执行国家"十二年科技规划"的任务,在当时国内海洋专业人才极为匮乏的情况下,他主持开办了海洋调查培训班,为1958年全国海洋普查培养了一大批骨干力量。1960—1963年,为了满足国家发展对科技人员的需要,中国科学院决定采取加快培养的办法,毛汉礼在国内海洋界又承担了这一任务,从全国理工科大学三年级学生中挑选了40名学员进

[①] 曾呈奎:中国科学院海洋研究所成立30周年工作报告。1980年8月1日,未刊稿。资料存于采集工程数据库。

行专业定向培养，开办了一届物理海洋专业大学本科培训班。①1961年他开始招收研究生，为我国物理海洋学发展培养高层次的研究人才。胡敦欣就是他1961年首批招收的三名研究生之一。

毛汉礼1919年出生于浙江诸暨的一个农民家庭，自幼天资聪慧。他自学高中课程，考入国立浙江大学史地系。由于无力支付学费，不得不申请保留学籍一年。当时正值日本帝国主义侵略时期，浙江大学迁至广西宜山。1939年，他不顾路途艰辛，跋涉上千里来到广西宜山入学浙江大学。大学期间，他受到校长竺可桢的赏识，大学毕业后，竺可桢将他介绍到中央研究院气象研究所工作。

图3-2 毛汉礼教授

1947年8月，毛汉礼赴美国加州大学斯克里普斯海洋研究所学习海洋学。留学期间，因国民政府断供中国留学生费用，他靠在餐馆打工维持生计。留美期间，他在学术上的造诣引起了国际海洋学界的关注。他与日本著名海洋学家吉田耕造合写的有关上升流的论文，被视为该领域的经典论著，他们提出的上升流理论模式一直被广泛使用。

1949年，新中国的成立让毛汉礼备受鼓舞，他立即写信给国内亲友，表示要尽快完成学业回国，为新中国的海洋科学事业效力。1951年他取得海洋学博士学位，正值抗美援朝时期，中美关系紧张，美国政府颁布禁令：凡在美国的中国科学工作者，一律不能回中国。于是，他一边在斯克里普斯海洋研究所担任副研究教授，一边聘请律师与美国政府打起了官司，还通过国内亲友给周恩来总理写信请求援助。1954年8月，他终于回到了祖国的怀抱。

---

① 《毛汉礼著作选集》编辑委员会：《毛汉礼著作选集》．北京：学苑出版社，1996年，第Ⅸ页。

回国后，毛汉礼来到中国科学院海洋生物研究室工作，任海洋环境组组长。他参加了新中国海洋科学发展的顶层设计，如《1956—1967年国家科学技术发展远景规划纲要》中关于海洋综合调查及开发的方案。他于1955年出版的专著《海洋科学》，为我国海洋学的普及发挥了重要作用。海洋生物研究室扩建为中国科学院海洋生物研究所后，毛汉礼任物理海洋研究室副主任。[①]

毛汉礼向胡敦欣询问了一些情况。离正式上课还有一段时间，毛汉礼要求他在这段时间里，结合全国海洋综合调查的经历和遇到的问题，把大学里学习的理科科目和海洋专业课都仔细复习一遍。

毛汉礼严谨的治学态度和对学生的严格要求是出了名的。"他对学生要求很严格，读研究生时，不准他们谈恋爱，晚上要他们念书，他甚至会跑去查夜。"[②] 毛汉礼强调做科学要像"小和尚打坐念经"一样，首先要坐得住。当时周末实行单休，每个星期只有星期天是休息日。他要求学生只有星期六晚上和星期天白天可以出所，星期天晚上必须回到办公室来念书。胡敦欣至今仍记得1961年在莱阳路25号办公楼学习的情景。

> 一楼和二楼是办公室，毛汉礼先生在二楼办公，三楼（阁楼）是研究生宿舍。办公室是一个套间，研究生坐在外间学习，毛汉礼在里间工作。里外间有门隔着，那个门很简单，下面、上面各有4块玻璃。他把这些玻璃都用白灰涂了，只留着一个窟窿眼。毛汉礼要求学生星期一到星期五全天以及星期天晚上必须到办公室来读书。他说不定哪天就从那个"窟窿眼"来看他这三个研究生——哪个在、哪个不在？是不是在学习？一眼就清清楚楚！不符合要求肯定是要严厉批评的。[③]

毛汉礼认为，发现和培养"将才"和"帅才"是科研工作的头等大

---

① 毛汉礼著作选集编辑委员会：《毛汉礼著作选集》。北京：学苑出版社，1996年，第V页。
② 李魏：毛汉礼——乱世风雨，但见海阔。《青岛日报》，2020年12月5日。
③ 徐贤义访谈，2021年5月21日，青岛。资料存于采集工程数据库。

事。①"要出高水平成果,就必须有高水平的人才。""没有一个能打硬仗的科学集体,是不能进行科学攻关的,更不能达到科学的最高峰。所以要把我国海洋科学事业搞上去,关键在于培养人才,扶持新生力量。"这是毛汉礼经常挂在嘴边的话。同时,他还鼓励学生要"青出于蓝而胜于蓝",提倡"以老带新、互教互学、能者为师"。

1961—1965年,毛汉礼作为全国海洋综合调查技术指导组组长,组织编制了11册《全国海洋综合调查报告》(1964年出版)、14册《全国海洋综合调查图集》(1963年出版)和10册《全国海洋综合调查资料》。同时,根据此次综合调查取得的资料,他确立了中国沿海水团分析、中国海区潮流预报、海洋水文调查方法与仪器改进等12项下一步的研究课题,分别由不同的海洋学科带头人牵头开展,引领我国物理海洋学研究向广、向深发展。在这些工作中,胡敦欣等三名研究生做了大量辅助工作。在毛汉礼的谆谆教导和严格要求下,胡敦欣对物理海洋研究有了更深刻的认识。

除了必上的基础课和专业课,毛汉礼的研究生还有两项任务:一是学习外语,特别是英语。毛汉礼认为英语是开展科学研究的基础工具,是了解和跟踪世界海洋发展的"拐杖"。二是大量阅读,特别是阅读海洋学科的英文原著,他认为只有阅读原著才能真正抓住科学家思想的精髓,掌握科学研究的思路和方法。

研究生学习之前,胡敦欣的第一外语是从中学就开始学习的俄语,英语仅在高中第一学期学过。1959年中科院海洋所成立后,就鼓励大家重视英语学习,并且规定:无论之前是否学过,所有在读研究生都必须通过英语考试,否则将被取消研究生资格。不过,毛汉礼要求的英语水平可不是简单的"通过",而是要达到看懂专业英文文献的水平。

由于英语基础几乎为零,胡敦欣开始心里很忧,但是他知道:没有退路,压力再大也要啃下这块"硬骨头"!他立刻行动,买来两本英语基础读本,从ABC开始学起,可是读几节课文就用了近1个月的时间。他想:这样读下去,英语什么时候才能过关?这个方法不行。他决定直接从语法

---

① 廖洋:耕海踏浪,谱蔚蓝华章。2021年,未刊稿。存于中国科学院海洋研究所。

入手，于是又买来一本《简明科技英语语法》。白天对着《简明科技英语语法》一个单词、一个单词地学。刚开始时，满篇都是生词。他专门准备了一个小本子，将生词抄在本上，再查词典、注音标，然后默读和背诵。这个小本子他一直随身携带，随时拿出来翻阅。每天晚上睡觉前的最后一件事，就是拿出小本子默背单词，直至所有的单词均能背诵，方可睡觉。

胡敦欣最开始背诵的速度很慢，一页书要看两三天才勉强记住。过了最初阶段，有了一些基础词汇量后，速度也有所提高，开始熟能生巧。再后来有了自己的节奏，越背越顺溜，生词也越来越少，背一页只需要一天甚至半天的时间。勤奋有了回报，三个月后，胡敦欣基本掌握了书中的单词和语法规则。他还买来几种不同颜色的笔做记号。每看一遍，就用一种颜色标记不懂之处。蓝色笔一遍、灰色笔一遍、黄色笔一遍，三遍下来，新的颜色在书中出现的次数越来越少。第四遍时，他用红色笔标注的不懂之处已寥寥无几。这本语法书，胡敦欣第一遍用了三个月读完，第二遍用了一周，第三遍用了一天，读第四遍时，他仅用了半天。

英语阅读有了进步后，下一步就是口语。英语口语可不是自己闷头就能学好的。恰巧当时有一个英语口语很好的同龄人在海洋所攻读研究生，叫古宪武。古宪武长期在香港生活，说一口流利的英语和带闽南口音的中文。于是，胡敦欣很谦虚地向古宪武请教，特别是英语发音规则与技巧。在古宪武的帮助下，胡敦欣很快学会了国际音标的准确发音与拼读。

1963年国庆前夕，中科院海洋所在全所范围内进行了一次英语统考。功夫不负有心人，仅学习一年多的胡敦欣取得全所第二名的好成绩。看到他的进步，毛汉礼教授十分高兴，特地召开部门会议，让胡敦欣介绍学习体会，分享"从门外汉到第二名"的经验。会上，胡敦欣诚实地说："哪有什么经验，不过就是刻苦勤奋、持之以恒。下的功夫到了，成绩自然就有了。"

多年以后，胡敦欣依然清楚地记得当年苦学英语场景：

我当时看语法书的时候，毛汉礼先生问我："你这学什么呢？"我说"学文法"。他叫我读一个词"numerous"，我读得不对。他就说：

"用你们山东话讲，我看你够呛！"但是我心想：那也不一定！我一定得给你看看我到底是不是能行。最后还是不错，我们全所考试，我考第二。导师很高兴，让我介绍学习经验。其实，经验就是我的第一本词典翻烂了。①

英语的进步提升了胡敦欣学习外语的信心，他希望通过多种语言的学习，帮助自己更好地研究国际前沿的文献，于是开始主动学习其他外语。1964年以后，胡敦欣先后学习了法语、德语和日语，均有很大进步。他的德语水平仅次于英语，达到阅读专业海洋文献的程度。

图 3-3　胡敦欣研究生学习期间使用的英语词典

读研究生的 5 年是胡敦欣一生中学习效率最高、效果最好的时期。师从毛汉礼，他最大的收获有两个：一是培养了非常强的自学能力，二是练就了很高的专注力。毛汉礼常说："做研究工作，屁股应该像有胶水一样粘在椅子上。"此话胡敦欣牢记在心，不但粘在当时研究室的椅子上，还粘在了后来的科学考察船上。他把这叫科学研究上的"意守丹田"：自然放松，心平气和，呼吸节奏缓匀，意气合一，达到专注于学习和研究的目的。这一方法除了在研究生期间大显神通，帮助他顺利过了"英语关"，在后来的研究生涯中更是帮助他取得一个个科学发现，登上一座座学科高峰。

英文水平过关后，接下来就是英文原始文献（即专业英语）的阅读和写作。20 世纪五六十年代，整个中国没有多少人搞海洋研究，海洋方面的专业读物非常少，海洋科研工作者只能通过阅读英文文献了解学科最新研

---

① 薄克国：漫漫科研路拳拳报国心——记中国科学院院士胡敦欣．《中国统一战线》，2002年第 3 期，第 16-17 页。

究进展和发展方向。可是，阅读专业的英文文献并不容易。

1954年毛汉礼回国以后，为了开阔我国海洋科学工作者的视野，在夫人范易君的帮助下，翻译了一批西方海洋经典著作，如斯韦尔德鲁普等人的巨著《海洋》、普劳德曼[①]的《动力海洋学》、斯托梅尔[②]的《湾流》、舒列金的《海洋物理学》等。这些书先后由出版社出版，总计约200万字，在培养我国海洋科学人才、发展海洋学理论方面起到了很大的作用。毛汉礼还写了一些海洋专业的评述文章，如《海洋学的任务、发展和现况》《海流理论评述》和《海洋学的发展、现状和展望》等。

有了毛汉礼和范易君亲自翻译的译著，再对照原著，胡敦欣读得十分入迷，既学习了英语知识，又学习了海洋专业知识。毛汉礼撰写的评述文章，让胡敦欣对我国海洋科学技术的发展及其与世界海洋科技水平的差距等有了客观认识。通过大量阅读，胡敦欣的知识面得以扩展。

西方海洋科学的发展主要在15世纪资本主义兴起之后，尤其是在"地理大发现"的15—16世纪。1492—1504年，哥伦布4次横渡大西洋到达中美洲；1497—1498年，达·伽马从大西洋绕过好望角经印度洋到达印度；1519—1522年，麦哲伦完成了人类第一次环球航行；1768—1779年，库克三次进行海洋探险，首先完成了环南极航行。

19世纪至20世纪中叶，在海洋调查方面，英国"挑战者"号海洋调查船于1872—1876年开展的环球航行考察被认为是现代海洋学研究的真正开始。"挑战者"号在三大洋和南极海域的几百个站位进行了多学科的综合性观测，后继研究获得大量成果，使海洋学从传统的地理学领域中分化出来，形成独立的学科。这次考察的巨大成就，激起了世界性的海洋调查研究热潮。在各国竞相进行的调查中，1925—1927年德国"流星"号海洋调查船的南大西洋调查备受重视。

进入20世纪后，海洋科学从海洋探险转向对海洋的综合考察，表现为海洋科学研究的深化、成果的众多和理论体系的形成，特别是海洋专门研究机构的建立。如1902年，国际海洋考察理事会在丹麦哥本哈根成立；

---

① 约瑟夫·普劳德曼（1888-1975），英国数学家、海洋学家。
② 亨利·斯托梅尔（1920-1992），美国海洋学家，被誉为"物理海洋学之父"。

1925年和1930年，美国先后建立斯克里普斯和伍兹霍尔两个海洋研究所；1946年，苏联科学院海洋研究所成立；1949年，英国国家海洋研究所成立。20世纪50年代，国际海洋科学组织开始建立，其中政府间组织以1951年建立的世界气象组织（WMO）和1960年成立的政府间海洋学委员会（IOC，隶属于联合国教科文组织）为代表，其他组织如1957年成立的海洋研究科学委员会（SCOR）等。海洋国际合作调查研究更是大规模展开，如国际地球物理年（1957—1958）开展的国际印度洋考察（1957—1965）。这一时期，现代科技的发展极大地促进了海洋调查的深入，促使"海洋学"成为一门独立的科学。

胡敦欣注意到，近代海洋科学的发展历程中几乎没有中国人的身影，重要的科技发现和成果几乎被欧美垄断。这深深刺痛了胡敦欣的自尊心，他暗下决心：认真学习，打好基础，一定要做出成绩。

除了理论知识的学习，胡敦欣还参与了毛汉礼的研究工作，这些经历对他的影响和帮助也是巨大的。

全国海洋综合调查外业活动结束后，毛汉礼将工作重点转到调查结果分析上。他计划深入开展专题研究，以便建立中国浅海海洋学理论。在这一思想指导下，1960—1965年他带领学生先后开展了中国海温、盐度、深度、密度跃层的研究，东海北部气旋型（冷）涡旋研究，黄海和东海水团、环流、浅海动力学研究，长江口和杭州湾对流、混合与扩散的研究，舟山群岛近海渔场海洋学的研究等，获得了大量有价值的结果。[①]

通过这些研究，毛汉礼在中国首先提出"浅海跃层"的研究方法，应用深度、强度和厚度三个参数定量划分中国近海的跃层，阐明各跃层区的分布与季节的变化。与其他学者一起率先对中国近海（尤其是黄海和东海）的水文要素的时空分布及变化特征进行描述和分析。他最早开始划分水团和水系，阐明了各水团之间的混合关系。与研究生们一起提出了东海的冬、夏两季海流系统模式，率先进行了河口海洋学研究，分析了长江冲淡水的扩展范围与季节变化，提出了杭州湾潮混合的上界和"混合椭圆"

---

① 《毛汉礼著作选集》编辑委员会：《毛汉礼著作选集》。北京：学苑出版社，1996年，第Ⅶ页。

图 3-4　1986 年，中科院海洋所科学家访美途中顺访香港大学（后排左 1 至左 6：胡敦欣、
顾宏堪、秦蕴珊、毛汉礼、曾呈奎、刘瑞玉）

概念，论述了长江口和杭州湾冲淡水混合扩散过程，以及这一过程对中国近海水文特征的影响。这些开拓性的成果，为中国物理海洋学的形成与发展奠定了基础。[①]

这是毛汉礼教授学术研究最辉煌、研究范围最广、取得成果最多的一个时期。胡敦欣参与其中，深受教育和启发。

毛汉礼的学术思想对胡敦欣有很深的影响。毛汉礼认为，海洋科学研究的方法首先是要正确认识这门科学的综合性与整体性，要从整体和全局的角度来研究，要超越简单的因果分析，向动态数值模拟过渡；海洋科学研究的任务必须是为经济建设和国防建设服务。他还对海洋科学史，尤其是第二次世界大战以后海洋科学突飞猛进发展的历史给予科学评估，指出其关键是新技术在海洋科学研究中的广泛应用。所以，他极力鼓励和提倡

---

① 《毛汉礼著作选集》编辑委员会：《毛汉礼著作选集》。北京：学苑出版社，1996 年，第 Ⅶ – Ⅷ 页。

在我国海洋事业发展中积极开展新技术的研究和应用。这些思想对胡敦欣的影响是巨大的，为他后来准确把握各个时期的工作方向、制定研究规划和具体实施计划提供了理论依据。

先立业后成家

胡敦欣因为小时候上学晚，大学期间又因参加全国海洋综合调查晚毕业一年，到考取研究生时已 25 岁了。那时人们结婚都比较早，因此家里一直催他尽早成家。

那时中科院海洋所没有统一的办公地点，他所在的物理海洋研究室位于莱阳路 25 号，部门里男同志居多。其他部门倒是有不少女青年，但因为上班地点不在一起，一般也接触不到。另外，毛汉礼要求研究生每个星期有六天必须在办公室学习，只有星期天白天的时间可以自由支配，哪有机会和时间找对象、谈恋爱？

但良缘竟在这种情况下出现了！

1961 年下半年，越南专家要到中科院海洋所参观访问。为欢迎越南专家，海洋所工会计划组织一台文艺晚会，其中一个节目是民族舞蹈《三月三》。工会从全所挑选了 10 个年轻人（5 男 5 女）组成舞蹈队，每天晚上到青岛市总工会的工人文化宫学习舞蹈基本动作。

胡敦欣被选入舞蹈队。排练过程中，他结识了同在舞蹈队的化学研究室的女青年徐贤义。

徐贤义是青岛市人，毕业于青岛第二中学，也是近两年招进海洋所的。青岛第二中学创办于 1925 年，原名胶澳商埠公立女子中学，学校的特长是英语教学。1959 年中科院海洋所建所后，需要大量人员，但一时间没有那么多海洋专业的大学毕业生，就从青岛市比较好的中学招收成绩好，尤其是英语好的应届高中毕业生。徐贤义因父亲去世早，放弃了报考大学，进入海洋所化学研究室工作。

为了取得好的演出效果，舞蹈队每晚排练到9点才结束。当时，徐贤义家住在青岛市京口路37号，离胡敦欣住的地方不远。于是，每晚排练结束后，胡敦欣便护送她回家。这样差不多有一个月的时间，两人不知不觉中增加了很多了解。徐贤义对他印象很好，觉得他特别爱干净，又是研究生（当时的大学生都很少，研究生更是十分稀罕）。胡敦欣觉得徐贤义不光人长得漂亮，性格也很好。虽然互有好感，但两人并没有挑明关系。

有一天，毛汉礼教授在闲谈中询问胡敦欣有没有对象。胡敦欣觉得自己和徐贤义的关系不能算是，也不能算不是，于是想了想说："就算有吧。"毛汉礼很诧异："就算有吧"究竟是有还是没有？于是又问了具体情况，然后说："明天晚上，你和小徐一起到我家吃晚饭吧，我有些情况要跟她说。"

胡敦欣不敢耽误，赶紧通知徐贤义。徐贤义听后一下子没了主意：马上要见毛汉礼教授，这可是大事。因为两个人的关系还没有十分明确，因此徐贤义一直没跟母亲说，她担心母亲知道后会因为胡敦欣出身农村而有意见。当年城乡差别很大，城里的女孩子很少有嫁到农村去的。

两个人商量后，徐贤义决定先回家向母亲坦白，把与胡敦欣的交往情况一五一十告诉母亲。徐贤义的母亲听后十分平静，虽然对胡敦欣还不十分了解，但听闺女的介绍，他各方面情况还是很好的：学习好、身体好、又爱干净，至于胡敦欣老家在农村，条件差点也没什么关系。"宁嫁高郎，不嫁高房嘛！"听了母亲的意见，徐贤义终于放下了心。

"宁嫁高郎，不嫁高房"，徐母简简单单的八个字，既是对胡敦欣的认可，也是对二人的期许。

第二天晚上，胡敦欣带着徐贤义来到导师家。毛汉礼的夫人范易君十分平易近人，她拉着徐贤义的手嘘寒问暖。徐贤义告诉范老师，自己毕业于青岛二中，在海洋所已工作了几年，现在不仅适应了工作环境，英语水平也有很大提高，学习了很多海洋基础知识，并且已经开始学习两位老师翻译的海洋著作。范易君听了十分高兴，赶忙告诉毛汉礼。毛汉礼也很高兴，但依然十分严肃，他很正式地对徐贤义说："贤义，跟你讲，先立业后成家，你不能整天拖着胡敦欣。每个星期只有周六晚上和周日白天可以出去，其他时间胡敦欣必须回办公室念书。"徐贤义连忙点头答应。

得到了毛汉礼的认可后，俩人算是正式确认了恋爱关系。徐贤义的母亲也逐渐了解了胡敦欣。徐家有需要出力的事，胡敦欣都会主动帮忙，徐母也会做一些好吃的邀请胡敦欣来家中享用。

见过毛汉礼夫妇后，胡敦欣带徐贤义回即墨老家。家里人自是十分高兴，父母亲更是欢喜得不行。

图3-5　1984年，中科院海洋所补发的胡敦欣研究生毕业证书

因为有毛汉礼导师"先立业后成家"的要求，胡敦欣和徐贤义商议，把结婚的时间定在胡敦欣研究生毕业的1966年。那一年，胡敦欣正好30岁。三十而立，他有决心，一定好好学习，如期毕业，把研究生毕业证作为两人的新婚礼物。

第四章
艰难岁月　初露才华

20世纪60年代，中国正处于社会变革与科学发展的交汇时期。1966年，胡敦欣研究生毕业，本应在物理海洋学领域大展宏图，却因"文化大革命"的爆发而遭遇科研停滞、学术活动受限的困境。然而，在混乱的年代里，他始终坚守科学信念，白天应付政治任务，夜晚挑灯自学，甚至在下放农场劳动期间仍坚持钻研英语和专业知识。这种逆境中的执着，为他日后在海洋科学领域的突破奠定了坚实基础。

20世纪70年代，随着科研环境逐步恢复，胡敦欣迅速投身海洋环流研究。他挑战传统理论，首次揭示浙江沿岸上升流的非风生机制，建立更符合实际的动力学模型；在东海大陆架调查中，他敏锐捕捉异常数据，发现"东海冷涡"，开创了中国陆架中尺度涡旋研究的先河；更通过跨学科探索，提出上升流与软泥沉积的关联规律，推动物理海洋学与地质学的交叉融合。

天津农场劳动

1966年5月，胡敦欣研究生毕业，因成绩优秀被留在中科院海洋所物理海洋研究室工作。正当他准备在物理海洋领域施展才华之际，席卷全国的"文化大革命"开始了，毛汉礼教授成为青岛市最先被点名的"反动学术权威"之一受到批斗。按正常的流程，胡敦欣毕业前还需要参加毕业考试、撰写毕业论文并进行答辩，但这些都因"文化大革命"而取消，连毕业证都没有颁发。

海洋所的科研工作和秩序受到严重干扰和破坏，许多课题被迫暂停，连阅读外文书刊都会被说成是"洋奴作祟"。组织机构也受到了极大的破坏，研究室有的被拆散、有的被合并，大部分实验室因"脱离生产实际"而被撤销，不能产生直接经济效益的科学研究一概受到批判和取消，仅有少数为国家海防建设或直接为生产服务的科研项目勉强能够开展部分工作。看着乱糟糟的研究所和自己尊敬的导师受到迫害，胡敦欣心如刀绞却无能为力，只能每天按时上班，多干活，少说话。

1966年国庆节，在双方家长的期盼中，胡敦欣和徐贤义终于领取了结婚证，参加了单位组织的集体婚礼，组建了幸福美满的小家庭。

婚后，海洋所给他分配了一间不到20平方米的"小独单"，其实就是一个小房间、一个过道、一个厕所，加上房间外面的一个小阳台。没有厨房，细心能干的徐贤义就弄来一张旧桌子放到阳台的一侧，再把煤球炉安置在另一侧，于是阳台就变成了"厨房"。再把腾出来的过道改为"餐厅"，"小独单"一下就整洁干净了许多。

这个"小独单"太重要了。当时海洋所的许多业务工作已经停止了，整天就是政治学习、开批斗会、写思想汇报。胡敦欣因为仅仅是一个刚毕业的研究生，所以没有人注意他。可时间长了，胡敦欣觉得：既不能看书也不能学习，这样怎么能当大科学家呢？有了"小独单"，他把原来放在办公室的课本和资料偷偷带回家。每天吃完晚饭，要是晚上所里没有其他安排，他就和徐贤义用厚厚的床单把阳台窗户全部挡住，不留一点缝隙，以免深夜看书时有光线外泄而引起他人怀疑。

这一时期，他全面复习了研究生的课程，甚至包括一些大学课程，结合自己的研究工作，总结并学习毛汉礼的研究思路，提高自己解决问题的能力。英语学习也继续进行，与以往不同，这次有了徐贤义这个青岛二中毕业的英语高才生指点，他感到比以前进步快了许多，并开始阅读海洋英文文献。

1967年大女儿胡颖出世后，为不影响母女俩的休息，他把每晚学习的地方从房间挪到过道的饭桌上。徐贤义还记得当年的情景：

> "文化大革命"的时候，大家都不能看书，但是他晚上回来一定要看书。他说："我不相信知识会没有用，早晚一定会有用的，白天我在所里不能看书，晚上回来一定要看。"①

可惜，这样的日子也没能维持太久。1967年下半年，为了走与工农相结合的道路，培养吃苦耐劳、艰苦奋斗的精神，大量城市知识青年被下放到广大农村定居、插队落户并参加劳动。中科院海洋所也开展了"上山下乡"运动，胡敦欣被安排到位于天津市津南区的一个农场劳动。

在农场，胡敦欣每天的工作就两件事，一是和当地农民一起下地干农活，二是参加改造思想的政治学习。刚开始时，大家都小心翼翼，生怕犯错误，业务资料和书籍特别是外文书籍都不许带，要全面接受贫下中农的再教育。经过一段时间适应并和当地农民群众熟悉后，大家的日常生活才慢慢地走向正轨。

农场的生活相当艰苦，所有劳动完全凭人力，对在城市长大的年轻人来说，这些农活干起来非常吃力。加上吃得差甚至吃不饱，很多人难以适应，情绪很大。不过，对胡敦欣来说，这里和即墨老家的情况差不多。他从小就在农村长大，对各种劳作十分熟悉，因此比其他人适应得要快一些。但他仍是整天郁闷，原因是没有书看。

胡敦欣还担心自己的英语水平倒退。他在英语学习上已经下了不少功夫，现在正是提升的关键期，如果长时间接触不到英语，那就荒废了。"小时候爷爷常说，学习犹如逆水行舟，不进则退。"条件有限，如何在其他人不知情的情况下，天天能"接触"到英语？他想到了一个办法。农场

---

① 徐贤义访谈，2021年5月21日，青岛。资料存于采集工程数据库。

每天的劳动期间，都有一段休息时间，胡敦欣就利用这段间隙悄悄离开人群，到没有人的田野地头，试着将眼前所见的一切"翻译"成英文。比如，看见房屋、道路、小河、庄稼、农民……他就先把英语单词说出来，再用这些单词编一段话。一段时间后，胡敦欣发现自己的英语口语有了很大变化：原先说英语要先在心里从汉语变成英语，现在一些简单的句子很自然就能脱口而出。

1968年10月，胡敦欣的二女儿即将出生，他请假回了青岛，但仅仅待了两个星期就又回去了。临走之前，他给刚出生的孩子取名胡津青，寓意天津和青岛两地相连，以纪念这段特别的时期。

图4-1 胡敦欣一家四口合影

1969年6月，胡敦欣终于结束了在天津农场的"劳动再教育"，返回青岛。此次艰苦生活的经历对胡敦欣锻炼极大，回青岛后，他比以前成熟了许多。后来，不管在生活上还是工作中遇到困难，他都会想起那个时候，想起那炎热难耐、似蒸笼一般的夏天，蚊蝇在耳边嗡嗡飞舞；想起那寒冬腊月、滴水成冰的冬天，依然在农田里整理土地。"在那样困难的条件下自己还可以学习，现在为什么不干？一个人要有一股气，遇到任何事情都要有挑战的勇气！"

浙江沿岸上升流研究

从天津农场回来后，胡敦欣终于能和家人团聚了。更让他高兴的是，物理海洋研究室的一些研究工作又重新进行了，导师毛汉礼教授也重新开始参加科研业务工作了。

因为有好几年没有系统地跟踪世界物理海洋研究状况,毛汉礼教授让胡敦欣先收集一些国外研究资料,看看有什么最新研究进展。在认真收集、仔细研究后,胡敦欣感到十分震惊,不禁感叹世界海洋科学研究进展之快,更焦虑我国在这一领域又落后了许多。

世界海洋科学自20世纪70年代进入加速发展的新阶段,许多国家对海洋调查研究都更加重视,特别是美国和苏联。美国把海洋科学列为重大科学,计划用于研究海洋的预算达80亿美元,其中用于海洋物理现象的监测和研究就有23亿美元之多。

20世纪70年代后,物理海洋学运用现代化技术,进行了浮标阵(为主)与船、卫星、飞机等多种手段联合的观测,开展了理论与观测紧密配合的大型海上实验,取得了长期、连续、立体化和高精度的同步或准同步资料,发现了一些具有重大意义的新现象和新问题。其中较知名的有以下两个实验。

第一个是沿岸上升流实验。20世纪70年代后,有关沿岸上升流的研究受到了异乎寻常的重视。究其原因,除这一问题本身的理论研究意义外,主要是其具有重大的实践意义:沿岸上升流对海洋生物资源、气候以及原子废物的扩散等许多方面均有巨大影响。世界海洋沿岸上升流区的面积仅占海洋总面积的千分之一左右,但其渔获量却占世界渔获总量的一半。例如,1972—1973年在美国西北沿岸进行的两次上升流实验和1973年在中大西洋东北部进行的联合实验调查都以沿岸上升流过程的动力学为主要研究目标。

推动沿岸上升流科学研究的另一个原因是垂直海流计的研制和应用。20世纪60年代前,上升流流速一直是通过水文要素间接推算而得,无法直接测定。60年代中期,垂直海流计的发明推动了对上升流的研究。垂直海流计实测结果表明,海洋中上升流的流速要比过去人们认为的量级大得多,不少海区垂直流速的量级达到0.01厘米/秒。1969年在地中海的一次国际调查中发现,实测平均垂直流速为0.58厘米/秒,其中有10小时平均竟达2.5厘米/秒。这一发现,使人们对上升流的"施肥"作用(将养料从海底带到表面的光合作用层)作出重新评估。

值得注意的是，新发现的上升流区也越来越多，尤其是发现在大洋的西部边界也较为普遍地存在着，从而打破了过去认为上升流是东部边界"特色"的传统观念。上升流区较为普遍地发现，给海洋生态学乃至生物资源的开发和利用带来巨大影响。

第二个是北太平洋实验。20世纪60年代后，科学界已经认识到，要建立一个精确的海洋－大气模式，提高海洋环境预报、天气预报和气候预报的精度，必须首先弄清海洋与大气之间的动量、热量和能量的交换机制，这使各种尺度的海气相互作用问题成为海洋学和气象学的一个重要课题。北太平洋实验主要研究大尺度的相互作用，通过对海水中的相互作用、天气系统间的相互作用以及海空系统的相互作用的研究，揭示北太平洋中纬度上层水温的异常变化对北美大陆天气过程的影响。这个实验有近十个国家参加。

胡敦欣虽然仅能从科技期刊中了解这些实验的大致情况，但它们的实验规模、设计思路和取得的成果都令他非常震撼。此后，他一直跟踪相关研究，于1979年与毛汉礼在《海洋科学》共同发表论文《七十年代海洋水文物理学的现场实验研究》。

毛汉礼希望胡敦欣尽快确定一个研究方向，并以此为抓手，长期跟踪国内外发展状况，开展相关研究，这样更有利于他的学术进步和成长。胡敦欣认真想了几天，回复导师说："浙江沿岸上升流很特殊，它与渔业生产有重大关系，对我国海洋渔业非常重要，我们搞物理海洋要搞清楚渔场的环境。"[①] 我国近海沿岸上升流区主要分布在浙江沿岸－台湾浅滩－闽粤沿岸－海南岛东部一线，上升流形成的高生产力区被认为是当地渔场形成的重要原因。他想把浙江沿岸上升流作为研究方向。

毛汉礼对上升流并不陌生。早年在美国留学时，他就与日本著名海洋学家吉田耕造合作研究过上升流，两人共同发表的《一个大水平尺度的上升流理论》，被公认为是上升流研究的经典文章之一。20世纪60年代中期，他已注意到了位于我国东海岸的上升流现象，对于胡敦欣想要开展浙江沿

---

① 胡敦欣访谈，2022年9月3日，青岛。资料存于采集工程数据库。

岸上升流的研究时，他十分支持。

1973 年，胡敦欣在物理海洋研究室牵头成立了浙江沿岸上升流研究小组，小组成员有吕良洪、熊庆成、丁宗信和孙寿昌。这是胡敦欣第一次牵头开展海洋研究工作，他制定了详细的研究计划和工作流程。

当时，国内上升流研究主要以公开发表的文献为理论基础，这些文献都是基于世界各地上升流区的海洋调查得出的结论，这些结论中，普遍将沿岸上升流的决定性成因归结于"风"。

《全国海洋综合调查报告》指出，浙江沿岸上升流是"风生"的。也就是说，是夏季西南风引起的，这是世界多地风生沿岸上升流的常见现象。胡敦欣的课题组在冬天测量海流时，发现浙江近海底层流流向是向岸的。根据一直以来的观点，冬天是北风，应该产生沿岸下降流，而浙江沿岸却是上升流。胡敦欣由此推测，风不是该区沿岸上升流的主导因素，应该有比风更强的其他因素影响。

带着这一问题，胡敦欣查阅了大量资料，包括 1958—1960 年全国海洋综合调查资料、1963—1966 年海洋标准断面资料、中科院海洋所 20 世纪 60 年代以来的观测资料、国家海洋局和浙江省气象局提供的部分海流资料以及沿岸台站的水文气象资料，通过绘制观测断面水温和盐度分布图，胡敦欣带领团队对实际上升流流速进行计算，再与风生上升流流速进行对比，得出"夏季实际上升流流速远大于风生上升流流速、冬季风生为下降流而实际仍为上升流"的结论。

胡敦欣还利用日本底层流示踪器实验的资料，开展上升流成因研究。

70 年代后，日本科学家在我国台湾海峡进行了多次黑潮北上余脉（台湾暖流）研究的实验，他们在台湾海峡以南海域布设了十几个点，每个点布放了很多底层流示踪器，这些示踪器触碰海底后就会破碎，放出很多指示标志物。根据这些标志物的施放地点、时间以及漂浮到海面的实际位置等数据，可研究黑潮的流向、流速。这些标志物很多都漂到浙江北方沿岸来了。

根据分析和计算，1973 年我就提出浙江沿岸上升流除风生外，很重要的一个成因就是黑潮余脉。[①]

黑潮因海水看似蓝若靛青，与周边海水颜色有较明显区别而得名。其实，它的本色清白如常，由北赤道发源，经菲律宾，紧贴中国台湾东部进入东海，是全球第二大暖流，也是北太平洋西部流势最强的暖流。黑潮主干在北上的过程中，由于海底地形逐渐变浅而右转，形成北上爬坡分量，称为黑潮北上余脉。该余脉进入浙江近岸后，造成近岸底层水辐聚受迫上升，形成上升流。

为了从理论上确定浙江沿岸上升流究竟是风生的，还是黑潮北上余脉引起的，胡敦欣进行了科学计算。他根据该海区1959年和1965年的实测数据，分别计算了由实测底层流和风应力引起的上升流流速，结果证明了他的推测：风应力引起的上升流流速数值与实测底层流有数量级之差，风不可能是上升流的主要动力，黑潮北上余脉沿东海陆架海底的抬升才是上升流产生的主要因素。

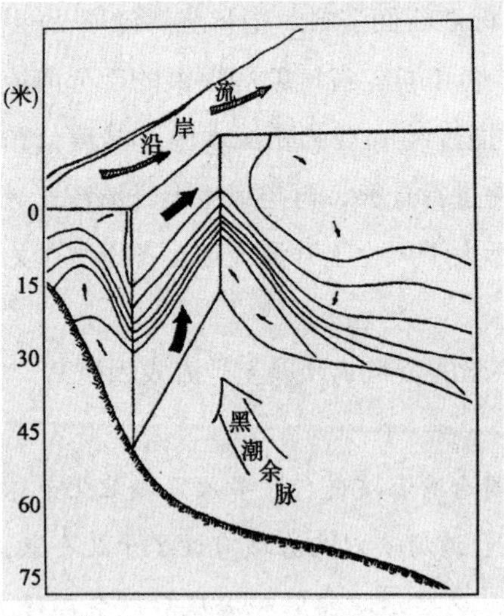

胡敦欣的计算方法科学、分析合理，揭示出浙江沿岸上升流的主要成因是黑潮北上余脉加地形作用的非风生机制。这一结论之后被其他单位的观测证实，研究结果获得广泛承认和引用，成为浙江沿岸上升流传统理论的重大修正和发展。这一研究成果于1980年在《科学通报》上发表[②]，进一步研究成果于1984年发表在《海洋科学集刊》。

揭示了浙江沿岸上升流成因后，胡敦欣的下一个目标是建立或

图4-2 胡敦欣绘制的浙江沿岸夏季环流模式图

[①] 胡敦欣访谈，2022年9月3日，青岛。资料存于采集工程数据库。
[②] 胡敦欣、吕良洪、熊庆成，等：关于浙江沿岸上升流的研究．《科学通报》，1980年第3期，第131-133页。

者拓展符合中国实际的沿岸上升流理论模式。

当时，世界上研究海洋上升流比较有名的科学家有日本的日高孝次和斋藤文纪。日高孝次教授的研究领域是物理海洋学，他在黑潮、海流动力计算、涌升流海洋力学等方面均有重要贡献，对风生海流理论的研究尤为突出，著有《海流》等专著，并于1962年创立了日本东京大学海洋研究所。日高孝次教授在20世纪50年代就提出了沿岸上升流的理论模式，该模式是由一个稳态均匀的无限深静压海洋导出的三维流速场的动力结构。"无限深"指的是海洋水深为无穷大，这时海面坡度消失；"稳态"指不随时间变化；"均匀"指不随空间变化。简单来说，该模式就是水深无穷大且不随时间和空间变化的上升流模式。

斋藤文纪教授是国际知名的海洋沉积学家，主要研究领域为浅海沉积学。他于1956年把日高孝次的理论模式推广为非稳态，即上升流随时间变化，其模型还是无限深海，风也仍然是不会变的带状风区。随之而来的问题便是，传统风生沿岸上升流理论是无限深海、常量风区的稳态或非稳态模式。但无限深海的假设太过理想，风也不会永远都只是固定不变的常量，如何将这些研究成果推广开来——扩大模式的普适性，将只适用于简单的、特殊条件的模式扩展到更加普遍的情况中去呢？

日高孝次和斋藤文纪两位教授的研究给了胡敦欣很大启发，但他们的研究成果在中国并不适用。日本是一个岛国，海岸线不远处就是广阔的太平洋，因此其自然条件可以看成近似于"无限深海、常量风区"；而中国的近海则不同，与"无限深海、常量风区"相差甚远。

因此，胡敦欣开始考虑如何在原方程中引入新的变量。他想：从无限深海理论推广到有限深海时，近岸必然会产生海面坡度，因此在原方程式中必须增加压力梯度项。此外，海面风应力也应该取随时间和离岸距离都可变的无限风区。通过引入压力梯度项、海面风应力等变量，他提出了新的沿岸上升流理论模式。虽然方程式和边界条件都更复杂，但求得的理论解更具有普遍性。胡敦欣的研究将上升流的理论模式由无限深海发展到有限深海，由常量风区发展到可变风区，从而建立了"有限深海、时空可变风区"的风生沿岸上升流非稳态理论模式，拓展了风生沿岸上升流理论的适用范围。

　　胡敦欣提出的方程式虽然复杂，但如果进一步剖析便可发现，当水深为无穷、风为常量、风区宽度有限时，则可以简化为斋藤文纪教授的解，即斋藤文纪模式只是胡敦欣模式的一个特例。1979年，胡敦欣在《海洋与湖沼》期刊上发表了研究成果《风生沿岸上升流及沿岸流的一个非稳态模式》。论文发表后，得到一致好评。他提出的模式扩大了方程解的普适性，更加符合实际海洋的状况，为更好地解释实际观测到的现象提供了可能。但胡敦欣没有满足，他的下一个问题是：浙江沿岸上升流对舟山渔业作出的贡献究竟有多大？

　　舟山渔场位于浙江省杭州湾以东、长江口东南的浙江东北部，是我国最大的近海渔场，与俄罗斯千岛渔场、加拿大纽芬兰渔场和秘鲁渔场齐名。在20世纪六七十年代，每年冬季集结在舟山渔场捕捞带鱼的渔船高峰时达1万艘，从业渔民在15万人以上。

　　胡敦欣采用斯韦尔德鲁普提出的断面分析法，对舟山渔场上升流流速进行计算。同时，取浙江沿岸约1万平方千米的水域，计算了上升流带来的"施肥"效果。结果得出，该区域每天约有1200吨磷酸盐从海洋底层被送到上层来，相当于每亩海面每年施了75千克的磷肥。这个量为一般陆上农田年施肥量的2倍。如果把硝酸盐和硅酸盐都算进去，其总量更大，是非常可观的。这些"肥料"通过海洋中藻类－原生生物－鱼类的食物链，给浙江沿岸生产力（如海洋渔业）提供了源源不断的天然养分。

　　从揭示浙江沿岸上升流的主要成因是黑潮北上余脉加地形作用的非风生机制，建立沿岸上升流理论模式，到计算上升流对舟山渔业作出的贡献，胡敦欣取得了丰硕的研究成果，为海洋开发实践提供了理论基础。

发现东海冷涡

　　海洋科学发现主要源于海洋实践，而在海洋实践的过程中一定要耐心、认真。"东海冷涡"的发现,就是胡敦欣认真、耐心的体现。

1975年,国家"东海大陆架区海洋综合调查"项目启动,由中科院海洋所牵头开展,胡敦欣所在的研究室承担了其中的"黄东海环流结构与海气相互作用研究"课题。

当时,胡敦欣牵头的浙江沿岸上升流研究正处于关键时期,整天忙得不可开交,但他知道这是国家项目,自己带领的研究小组年轻力壮、经验丰富、技术能力强,不参加肯定是不行的,只能硬着头皮上。让他没有想到的是,最后不仅完成了调查任务,还取得了重要的科学发现。

东海大陆架调查项目时间紧、任务重。项目需要做24小时连续观测,在海洋科考船上,胡敦欣被分配负责用深度温度计观测温度随深度的变化,每小时一次。

> 我们有台BT(深度温度计),是从苏联进口的。当时我的任务是用这台仪器测量海水温度随深度的变化情况。这台仪器是机械式的,不是现在电子式的。我专门负责观测这个设备。就在后来发现冷涡的地方,仪器测的温度突然降下来了,我就怀疑这个地方有跃层。①

此现象胡敦欣过去没有遇到过,他感到很奇怪:一般情况下,温度跃层应在水深10~20米处,而此处水深只有六七米。他又一连几次放下深度温度计,测出的数据还是一样。他把这一发现报告给调查队长,并提出希望科考船赴下一个测站之前,在附近海域考察一下,看看这种现象有多大范围。遗憾的是,这一请示因航次规定不能随意更改科考计划而被回绝。但这件事胡敦欣一直记在心里。

回到单位后,他苦苦思索这一奇怪现象:温度跃层变浅说明与正常情况相比,大海的底层冷水出现了上升。这种情况是怎么发生的呢?胡敦欣查阅了大量的研究资料,其中一个名为"大洋中部动力学实验"(MODE)

---

① 胡敦欣访谈,2022年9月3日,青岛。资料存于采集工程数据库。

的项目引起了他的注意。

20世纪60年代，联合国教科文组织政府间海洋学委员会制定了《海洋考察研究长远规划》，主要目的是集中各国力量加强对海洋科学中一些重要专题的考察研究，从而加深人们对海洋及其与大陆和大气的相互作用的认识，促进对海洋资源的开发利用。主要研究内容为海气相互作用、大洋环流及其变异和海啸、海洋生物资源及其与海洋环流的关系。"国际海洋考察十年"是该规划在20世纪70年代的主要实施计划，而"大洋中部动力学实验"项目则是其中有关物理海洋学研究的内容之一。

1970年，苏联在热带大西洋的东北部进行了一次以海流为主的"多边形"观测，时间达半年之久。结果发现，在这个一般认为平均流速只有几毫米每秒的弱流海域内存在着流速为10厘米/秒的涡旋，其相关空间尺度为100千米，时间尺度为几个月。之后，美、英等国于1973年3—6月在热带大西洋的西部（百慕大岛以南）一块400千米范围的弱流海域内，进行了第一次大洋中部动力学实验，观测结果与1970年苏联的观测结果基本相同。其后，这种相关尺度为100千米、时间尺度为几个月的中尺度涡旋在其他海域被相继发现，使经典大洋环流理论受到了巨大的冲击。从海洋观测上来说，这是一个重大突破，是物理海洋学的重大进展之一。

中尺度涡旋的发现给了胡敦欣启示，他想：东海温度跃层的变化是否也是由海水的涡旋引起的？

中尺度涡旋通常分两种：一种是气旋式涡旋（在北半球为逆时针旋转），其中心海水自下而上运动，将下层冷水带到上层较暖的水中，涡旋内部的水温比周围海水低，又称冷涡旋；另一种是反气旋式涡旋（在北半球为顺时针旋转），其中心海水自上而下运动，携带上层的暖水进入下层冷水中，涡旋内部的水温比周围水温高，又称暖涡旋。

胡敦欣注意到，这些被发现的中尺度涡旋均处于深海。但在东海这样的陆架浅海区，海底摩擦要消耗大量的能量，还能出现这类涡旋吗？

他开始收集、研究海区的调查资料和相关文献。根据1972年7—8月常规水文观测资料，辅以研究区域范围内国家海洋局标准断面调查资料、东海渔业资源调查资料、日本气象厅海洋气象观测资料和南朝鲜水产振兴院海洋观测资料等，在进行了细致的研究后，分析证明了在研究区域内，1972年夏季曾出现一个气旋式涡旋，其空间尺度上小下大，平均90余海里；此涡旋的出现，使下层海水明显上升，计算得到平均垂直流速约为 4.3×10^{-3} 厘米/秒；同时发现，研究区域内的海底沉积为一孤立的软泥区。

胡敦欣把这个气旋式涡旋命名为"东海冷涡"。这种中尺度涡旋使海洋中各种水文物理要素的时空分布产生巨大变化，如同一次气旋或台风的到来会引起风、降水和气温的巨变一样。东海冷涡的发现为该区域物理海洋学研究开辟了一个新的研究领域，其研究成果《东海北部一个夏季气旋型涡旋的初步分析》发表在1980年《科学通报》第1期。

关于这一气旋型涡旋（东海冷涡）的生成、发展和消失的全过程，由于缺乏完整而系统的观测资料，胡敦欣未能在论文中做进一步分析。为此，他提出了一个关于开展东海冷涡专题调查的设想。不巧的是，1979年胡敦欣要去美国做访问学者，未能参加中科院海洋所于1980年7月开展的东海北部冷涡专题调查，研究组成员孙寿昌等参加了专题调查，并进行了报道[1]。这次调查共取得4个锚碇浮标站、12个层次的海流资料（其中包括3个昼夜同步观测资料）和40个测站水文气象、海洋化学、海洋生物等方面的资料与标本。由于锚碇浮标站的测流和断面调查这两部分工作是在较短时间内完成的，所以取得的资料具有较好的代表性。

1982年胡敦欣回国后，又重新开始了东海冷涡研究。这次，他的问题是：这个冷涡是长久存在的吗？如何证明冷涡的长久存在呢？

这个问题在胡敦欣的脑海中一直盘旋着，久久未有解答。一直到1982年底，中科院海洋所秦蕴珊[2]院士的办公室墙上的一幅地质图给了他启发。他一眼就看出，这幅地质图上有一块黑色圆形区域，正是他发现东海冷涡的位置。他向秦院士请教图中的黑色圆形区域是什么。秦蕴珊回答："这是

---

[1] 孙寿昌：中国科学院海洋研究所开展东海北部冷涡专题调查。《海洋科学》，1981年第3期，第24页。

[2] 秦蕴珊（1933-2015），山东莱州人，著名海洋地质学家，中国海洋沉积学研究的开拓者之一，中国科学院院士。

软泥沉积。"胡敦欣进一步追问，它从哪里来的呢？秦蕴珊回答说："老黄河口。"胡敦欣想，为什么这个区域不是老黄河口的一条连续软泥带，而是孤立圆形呢？回到实验室，通过对历史资料分析和研究，他得出结论：东海陆架海水中有大量悬浮物质，浓度随深度而增加；在东海冷涡区域，由于逆时针冷涡作用，下层富含悬浮物质的海水上升，这些悬浮物颗粒相互碰撞并不断增大，直到不能被微弱的上升流支撑而下沉，就像下雨一样，形成"海雨"过程。如果逆时针冷涡是长久或半永久存在的，经过漫长的时间，海底细颗粒沉积则自然而成。也就是说，东海冷涡下存在的孤立软泥区实际上就是东海冷涡长久存在的证据。

1983年底，中国科学院在武汉组织召开地学研讨会。会上，胡敦欣介绍了东海冷涡的发现过程并作了冷涡和海底沉积关系的报告，证明了冷涡长久存在。会后，一同参会的中科院海洋所所长曾呈奎鼓励胡敦欣说："你的研究结果很好，要争取尽快整理成文，赶紧发表。"1984年，胡敦欣将此项研究成果发表于英文版《海洋与湖沼》上。

发现东海冷涡后，胡敦欣没有止步于此，因为他在研究过程中还发现，在东海冷涡区域上升流与大陆架软泥沉积存在着关联。

这又是一个重大研究发现。过去，人们只注意海水水平流动对沉积物的搬运作用，没有注意到微弱的上升流对物质输运产生的影响。胡敦欣从发现东海冷涡开始，通过大量环流和沉积资料的综合研究，发现并从动力学上解释了"上升流与大陆架软泥沉积有密切关系"的科学现象，首次提出"陆架上凡有上升流的地方，海底沉积必为软泥"的科学规律，并提出了描述这一现象的概念模式，开辟了新的交叉科研领域。

为进一步完善这个结论，1993年，胡敦欣和他的研究生曲堂栋建立了一个简单模式，更为生动直观地揭示了上升流的沉积动力机制。2002年，胡敦欣和他的研究生庞重光用资料证实了这一现象在北半球的普遍性，数值模拟的结果基本上反映了黄东海海底细颗粒沉积的分布状况。

"陆架上凡有上升流的地方，海底沉积必为软泥"的科学事实与规律，阐明了上升流在物质输运过程中的重要作用，是陆架物质输运循环理论上的重要突破，属沉积动力学范畴。作为一门交叉科学，需要运用物理海洋学的知识对相关海洋地质现象进行合理解释。也正因如此，胡敦欣对黄东海软泥区形成机制的合理解释得到了海洋地质学界的一致认可和广泛引用。

胡敦欣率先发现的东海冷涡具有重大的科学指导意义。随后，不少学者相继在黄海、东海、南海发现了一些中尺度涡，开创了我国大陆架中尺度涡的研究，将我国大陆架环流的研究由"气候式"研究阶段推进到"天气式"研究阶段。[1]

---

[1] 气候指的是某个地区在长期（通常为30年）内的平均天气状况，包括温度、湿度、风速、风向等因素的统计特征。气候式是相对稳定的。天气指的是某个地点在某个特定时间的大气状况。天气式是变化无常的，短时间内可能发生显著的变化。由"气候式"研究阶段推进到"天气式"研究阶段意味着从简单的统计分析研究进入到精细化的特征研究。

第五章
锐意进取　潜心洋流

发现浙江沿岸上升流成因、拓展沿岸上升流理论模式和率先发现东海冷涡等科研成果的取得，让胡敦欣感受到成功的喜悦。他认为，这些成果的取得除了毛汉礼导师的指导和同事们的帮助，还有一个重要的原因就是参考了国外相关研究工作。例如，浙江沿岸上升流的流速计算采用了挪威海洋学家斯韦尔德鲁普提出的断面分析法，沿岸上升流理论模式参考了日本科学家日高孝次和斋藤文纪提出的上升流理论模式，率先发现东海冷涡也是受到1970年苏联发现中尺度涡旋的启发。

胡敦欣知道，与国外相比，中国的物理海洋学研究起步晚了很多。至20世纪80年代初，中国的物理海洋学研究大致可分为两个阶段：一是20世纪20—50年代初，以潮汐和海浪研究为主，主要是因为当时受到远洋观测手段的限制，而潮汐和海浪资料在岸边就可以取得；二是20世纪50年代中后期，随着测量能力的提高，水团和海流开始进入中国物理海洋学，与潮汐和海浪一起构成了研究主体。在这两个阶段中，与各分支学科发展息息相关的是一些对推动中国物理海洋学发展有重要影响的科学（实验）事件，这些事件包括：唐世凤在20世纪40—50年代进行的潮汐研究；赵九章1952年领导建立中国第一个海浪观测站——小麦岛观测站；1957年"金星"号调查船渤海湾及北黄海西部综合调查；

1958—1960年全国海洋综合调查的开展；1962年"文氏风浪谱"[1]的提出；1964年管秉贤[2]发现南海暖流和台湾暖流；1973年方国洪[3]提出潮汐潮流永久预报的新方法。

整体上来讲，虽然取得了许多成就，但至20世纪70年代末，我国的物理海洋研究基本限于近海，还没有走向深海、走向大洋，与国外的差距也有逐渐扩大的趋势。胡敦欣看在眼里，急在心头。

走 出 国 门

1976年粉碎"四人帮"后，中国开始进入对内改革、对外开放的发展新时期。"文化大革命"的结束给中科院海洋所带来了新生和发展机会。1977年，中科院海洋所恢复了海洋水文物理研究室，毛汉礼复职，任副主任。他对胡敦欣取得的成绩由衷高兴，期望他再接再厉，取得更大的成绩。同时，由于海洋和海洋工作的重要性，海洋科学开始进入国家高层视野。根据国务院批准的1978年中美学术交流项目计划，1978年上半年，我国以中国科协的名义，首次派出中国海洋科学代表团访问美国。代表团由国家海洋局牵头，中国科学院、厦门大学、山东海洋学院等单位参加。

这是新中国成立以来派出的第一个访问美国的海洋科学代表团，各参加单位特别重视。代表团人员的挑选也十分严格，除了有过硬的科研业绩，还要有出色的外语水平。经过筛选，最后确定了12名代表团成员，他们是国家海洋局副局长罗钰如（担任代表团团长）、山东海洋学院海洋系教授文圣常、中国科学院海洋研究所教授毛汉礼、厦门大学海洋系副

---

[1] 开创地将谱概念与能量平衡相结合的研究方法。
[2] 管秉贤（1922-2015），浙江上虞人，物理海洋学家，1950年毕业于复旦大学理学院海洋组。
[3] 方国洪（1939- ），浙江瑞安人，物理海洋学家，中国海洋潮汐学的主要开拓者，中国工程院院士。

教授李法西、中国科学院海洋研究所研究员吴超元、国家海洋局科技部副研究员关定华、国家海洋局海洋仪器研究所工程师刘从信、中国科学院海洋研究所副研究员秦蕴珊、国家海洋局第三海洋研究所助理研究员陈承惠、中国科学院南海海洋研究所（广州）助理研究员陈世经、国家海洋局科技部工程师葛有信和国家海洋局第二海洋研究所梅金生（担任翻译）。

按照要求，代表团成员出国前需要参加为期1个多月的培训，培训内容不仅有英语，还有外交礼仪、国外风俗习惯、注意事项等。就在培训班即将举行之际，毛汉礼因工作繁重突然病倒，于是他推荐胡敦欣代替自己参加代表团并获得批准。就这样，胡敦欣成为代表团中最年轻的成员，这次难得的机遇对他下一步开展海洋科学研究产生了至关重要的影响。

1978年3月，胡敦欣参加了在北京举办的出国培训班。其间，3月18日，全国科学大会在北京召开，这次会议是我国科技发展史上一次空前的盛会，被誉为"中国科学界的春天"。中共中央副主席、国务院副总理邓小平在开幕式上发表重要讲话，他谈到"四个现代化"的关键是科学技术现代化，并着重阐述了科学技术是生产力这个马克思主义观点，提出了"科学技术是生产力、知识分子是工人阶级的一部分"的著名论断。以这次大会为标志，我国吹响了向科学进军的号角。

"科学技术是生产力"的提出让胡敦欣热血沸腾。他想知道，即将前往的美国是如何在短短的三十多年时间里使海洋科学技术整体水平超越欧洲的。

1978年4月26日—5月27日，胡敦欣参加中国海洋科学代表团访问美国。代表团参观访问了华盛顿等十个城市和地区海洋调查研究、仪器生产和人才培养等方面的25个单位。其中，属联邦政府系统的有美国国家海洋和大气管理局（NOAA）和国家地质调查局，还参观了国家海洋调查局、国家海洋资料中心、国家海洋仪器计量实验室、地球物理流体动力学实验室、太平洋海洋环境实验室等。在专业海洋研究机构中，代表团参观访问了斯克里普斯海洋研究所、伍兹霍尔海洋研究所、加利福尼亚大学海洋资源和地球物理与行星物理研究所等。在海洋教育方面，参观了罗得岛大学的海洋研究生院、迈阿密大学的罗森斯蒂尔海洋大气科学院及华盛顿大学的海洋系。有关海洋仪器的研制生产，参观了美国本色斯公司、布朗公司、海洋仪器公司、普莱赛公司、通用动力公司和海洋研究设备公司等。

此次访问，美国对我国代表团的接待友好热情，基本上是按照我方提出的要求给予安排，有些单位我方未提出要求，他们也积极建议提供参观。为使代表团能广泛接触美国海洋科技界人士，除白天参观外，晚上还安排了一些招待会和宴会。

胡敦欣是带着期待也是带着问题来的：美国海洋科技是如何发展起来的？物理海洋学当前的研究重点是什么？我们的差距在哪里？……经过近一个月的访问，美国的前沿科技成果和理论让胡敦欣不仅开阔了视野，也有了许多新的体会。

图 5-1　1979 年，中国海洋科学代表团在加利福尼亚水族馆前与美方人员合影

第五章　锐意进取　潜心洋流

美国的海洋科学研究始于19世纪中期,落后于欧洲国家。第二次世界大战引起了美国对海洋工作的重视,到20世纪50年代,许多学科已处于领先地位。但整个海洋科学全面成为世界先进水平,则是20世纪60年代以来的事情。1966年,由于国际能源危机和陆上资源有限所带来的长期战略性问题,美国国会专门讨论了国家海洋科学事业的政策,制定了《海洋资源与工程发展法》,从而把海洋工作以法律的形式确定下来。因此,1966年也是美国海洋科学事业的转折点。根据这一法令,美国政府首先调整了组织机构,在白宫设立总统海洋科学办事机构,一个是政府的"机构间海洋科学与工程委员会",另一个是"国家海洋大气顾问委员会"。前者负责规划和协调全国政府机构的海洋工作,后者是关于国家海洋和大气活动的政策建议咨询部门。为加强政府海洋工作的实际效能,1970年又批准组建了国家海洋和大气管理局,从而形成了一套联邦政府海洋科学管理体制,有力加速了国家海洋工作的进程。

1968年开始执行"国际海洋考察十年计划"以来,美国海洋科学得到了很好的发展,取得许多重要的科研成果,提出了地壳的板块学说,发现了中尺度涡,建立了古气候学,创立了一些新的研究领域,在海洋调查技术、海洋仪器、资料处理、预报服务、探测能力等方面都处于全球领先的地位。更为重要的是,拥有了一支以博士为主体的海洋科技队伍,从事着几十个分支学科的研究工作。

胡敦欣注意到,美国海洋科学能够取得上述进展,除具有庞大海洋工作体系和国家体制的支持外,还有四个重要原因:

第一个原因是重视人才

图5-2 1978年,胡敦欣(左)在美国访问时与美国海洋科学家交流

培养，特别是中高级科研人员。美国海洋科研人员有两个特点：一是年轻人多。在胡敦欣他们参观的单位中，大部分海洋科研人员都在三十到四十岁。二是知识面广，基础扎实。美国科研人员特别是年轻的科学家，大都先从基础工作做起，再参与重大项目的研究。

美国培养海洋科研人员的方式主要是招收研究生，几乎各大学和研究机构都设有研究生部门。研究生大多是从物理、化学、生物、地质、气象、流体力学等本科毕业生中选拔，少数从海洋本科毕业生中选拔，这就保证了科研人员知识面广、基础扎实。

第二个原因是广泛使用计算机技术，把海洋装备研究与国家工业发展结合起来，实现了海洋科研调查工作的自动化。例如，地球物理流体动力学实验室有200多名科研人员，除一台大型计算机外，实验室还有中小型计算机100多台。计算机使用范围非常广泛，包括各种数据的记录、计算、储存和传递，资料的分析、整理、编辑和图表绘制，数字模拟试验及数值方程求解，业务计划管理和船只的导航、通信、调度、指挥等。在参观单位中，计算机的速度、储存记忆量都不大，绝大多数为带程序的台式或袖珍机，但由于计算机数量多，形成体系，相互配套，联机使用，大大提高了计算机的使用范围和效果。

在海洋装备的研制生产方面，美国有一个很大的特点就是与国家工业发展紧密结合，尽量采用市场系列化、标准化部件，很多仪器公司和研制部门只负责装配。这样做的结果是仪器生产周期短，部件易补充，坏了能修理，一个公司可以生产好多种仪器，从而解决了海洋仪器品种多、批量小、厂商不愿生产的困难。美国海洋仪器装备的另一个特点，就是对用量小的部件或仪器采取进口，不安排生产。如美国不少声学仪器是丹麦产品，重力仪器是西德产品，声学海流计则使用瑞典的产品，化学仪器也常有英国的产品。

第三个原因是专业研究机构与大学联系密切，充分发挥大学开展海洋科研工作的潜力。其形式有三种：一是大学附设海洋研究所或实验室，这种形式最多，如加利福尼亚大学就附设了斯克里普斯海洋研究所、地球物理与行星物理研究所和海洋资源研究所，哥伦比亚大学附设了拉蒙特地质研究所。二是大学教授在研究机构兼职从事研究工作，研究机构的研究人员在大学兼职讲课。三是固定的协作关系，如国家海洋和大气局下属的地球物理流体动力学实验室，这种形式把教学与研究结合起来，既保证了教学质量，也发展了科学研究工作。

第四个原因是全面推进大型海洋协作实验计划。海洋范围太大，海上工作技术要求高，一个单位、一个部门，甚至一个国家想靠一己之力全面了解海洋并解决问题是不可能的。因此，美国对这种合作表现得特别积极。一方面发起国内多个机构的协作计划，另一方面利用联合国教科文组织多次发起国际协作计划。1968年，由美国发起的规模更大的"国际海洋考察十年"计划，由40多个大型考察项目组成，全世界50多个国家参加。美国各主要海洋研究机构、大学等30多个单位直接参加了其中的41项活动，并在国家科学基金会下特设国际海洋考察十年办公室，专门管理这项工作。

对于物理海洋学领域，胡敦欣在考察中发现中国与美国的研究内容虽相差不大，但研究水平差距很大。我国调查研究的范围小、学科不全、仪器缺乏；海洋科研人员缺少中、高级骨干力量；仪器装备陈旧，缺少必要的实验条件和深海工作条件。特别是海洋仪器，胡敦欣最有深切体会。20世纪50年代，我国海洋仪器设备的研发、生产基本处于空白阶段，测海上波浪只能用望远镜肉眼观测，测海流靠的是漂流瓶，而且只能测表层海流，无法测量水下不同深度的海流。如果不是1965年国家组织开展首次全国海洋仪器会战，解决了当时海上调查急需的温、盐、深、浪、流、潮等方面部分调查仪器的研制和生产问题，海洋科研更是无从谈起。

总之，这次赴美参观考察相当成功，初步建立了中美两国海洋界的友好关系，了解了美国海洋科学发展的现状、水平、动向。对胡敦欣而言，这次访美为他打开了视野，他倍感兴奋。归国后，他随代表团在北京封闭讨论总结了一个月，共同完成了一万多字的调研报告。

赴美访学

回国后不久,一个更大的机会摆在胡敦欣的面前:时任中科院海洋所所长曾呈奎找他谈话,告知他已经入选下一批出国人员名单。

原来,1978年3月全国科学大会召开后,为尽快赶上世界先进水平,科技人才培养提上了国家议事日程。6月23日,邓小平和方毅听取了清华大学校长刘达有关学校各项工作清查整顿情况的汇报。在听取工作汇报后,邓小平说:"我赞成留学生的数量增大,主要搞自然科学。要成千成万地派,不只是派十个八个……这是五年内快见成效、提高我国科教水平的重要方法之一。"在邓小平作出指示后不到20天,教育部便完成了《关于加大选派留学生数量的报告》,确定了选派计划。报告提出,立即选拔派出3000人留学。8月,教育部的报告获国务院批准,首批留学生派遣工作

图5-3 翻译家路成铭为胡敦欣等人做出国前培训时合影(左起:胡敦欣、顾宏堪、杨纪明、方国洪、路成铭)

第五章 锐意进取 潜心洋流

紧锣密鼓地展开了,各地的选拔工作立即开始。人才选拔的标准是业务素质好、身体好、外语好。胡敦欣的业务素质和身体没有问题,但还需要去济南参加全国英语统考,他十分珍惜这次出国机会,一刻也不敢懈怠,做好了充足的准备。

考试期间发生了一段令他难忘的小插曲。考试刚开始时,胡敦欣一看试卷比较简单,紧张的心一下子放下来。他胸有成竹,很快做完试题,看时间非常充足,便将所有题目检查了一遍,确认无误。等待交卷时,他突然发现试卷竟然是双面的,另一面他完全忽略了!此时考试已近尾声,他赶紧抓起笔来,在丝毫未动的试卷反面奋笔疾书,终于抢在交卷的最后一分钟前完成了所有试题。胡敦欣想想都十分后怕,假如当时没有及时发现,这次出国机会就失之交臂了。他心中无限懊恼,又担心时间紧张没有检查的情况下,考试是否会顺利通过。所幸,扎实的基础让他顺利通过了考试。这次经历提醒着他,在以后科研道路上千万不可大意,一定要谨慎、谨慎、再谨慎,认真、认真、再认真!

选择目标国家时,考虑到当时英国、德国等已经与中国建立了良好的外交关系,而且欧洲海洋科技水平也是世界一流的,他便决定前往国际知名的英国剑桥大学。然而,一项临时的外事接待任务改变了他的选择。

1978年9月,作为中国海洋科学代表团对美国访问的回访,美国海洋科学代表团应邀访问中国,中科院海洋所是其考察访问的重点单位。胡敦欣因为刚从美国考察回来,懂得外交礼仪,英

图 5-4 1981年,胡敦欣与导师 Carl Wunsch 教授在麻省理工学院合影

语流利，精通业务，被安排参与接待美国代表团一行，并与代表团开展科研交流。如此机缘之下，胡敦欣结识了世界知名的海洋环流专家、美国国家科学院院士、麻省理工学院教授 Carl Wunsch。

Carl Wunsch 的研究领域非常广泛，在海洋中尺度涡旋、内波、潮汐、卫星高度计资料测量和方法、温盐环流等方面都做了大量开创性工作。见到 Carl Wunsch 之前，胡敦欣以为他是一位年长的智者，因为美国国家科学院院士在世界范围内都被承认，每年被评上的只有寥寥数十位。见面后却发现是一位年轻人，年纪比自己还要小 5 岁。

与 Carl Wunsch 教授的交流彻底改变了胡敦欣的想法，他决定前往麻省理工学院学习，而 Carl Wunsch 将担任他在麻省理工学院的导师。

就在胡敦欣忙得不亦乐乎之时，国家形势也在发生急剧、深刻的变化。1978 年 12 月 18—22 日，党的十一届三中全会在北京召开。1979 年 1 月 1 日，中美正式建立外交关系。

1979—1982 年，胡敦欣受国家委派，前往美国做访问学者。

在美国，胡敦欣的首站是麻省理工学院。这是一所综合性私立大学，坐落于美国马萨诸塞州剑桥市，是世界著名的研究型大学，也是一所培养高级科技人才及管理人才并从事科学与技术研究的大学，被誉为"世界理工大学之最"，其地球与海洋科学学科世界排名靠前。在这里，胡敦欣度过了一年多的学习和研究时光。

美国大学的学术交流非常活跃，麻省理工学院也不例外。学校几乎每天下午都有学术报告会，有时还有午间报告会。报告会形式和内容多样，有的是课题方案讨论，有的是阶段进展报告，有的是情报书刊介绍，有的是成果报告。参加人员不限，少则几人，多则上百人。在学校食堂吃饭时，经常是几个人在一起讨论作业或研究课题，即便是在周末参加派对，大家也会一起讨论与学术有关的话题。

胡敦欣很快适应了美国的学习环境。在美期间，国家每个月向他提供 400 美元资助，让他能心无旁骛地学习。胡敦欣像一块海绵，抓住一切学习机会，投入知识的海洋，拼命汲取知识的养分。与大多数中国学者一样，他的英文读、写基本没有问题，但听、说还是不行。于是，他开始考虑如何提高英语听、说能力。

在麻省理工学院，每天上午10点有近半小时的休息交流时间，称为coffee break。胡敦欣利用这个机会练习英语听、说。同时，学院还开办了口语短训班。美国老师告诉胡敦欣，要提高口语听说能力，必须让英文"洗脑"。为了让英文"洗脑"，胡敦欣特意买了一台收音机，每天晚上睡觉前听一小时的英语电台广播，让自己完全沉浸于英语的语言环境。这个方法非常有效，胡敦欣的英语口语和听力能力突飞猛进。

在英语口语里，经常会用到习语、惯用语、俚语等。为此，每次参加活动（如聚餐）时，胡敦欣都虚心请教美国同事几句习语，并询问其演化来源。通过这种方式，他又学到了不少。他感到，通过在日常交流中学习英语的方法，比自己从前在词典上死记硬背效果直接，也好得多。

Carl Wunsch教授经常在周末组织家庭聚会，还邀请胡敦欣参加。一次餐后聊天时，Carl Wunsch教授突然问他："要是有机会回中国探亲，你愿意去吗？"Carl Wunsch教授说的"机会"，是指1980年中美联合实施的首次长江口海洋沉积作用过程调查，该调查计划由中美两国的4艘海洋调查船实施，其中有美国的"海洋学家"号海洋调查船。Carl Wunsch认识参加该调查航次的美国科学家约翰·弥利曼，而且他认为如果胡敦欣能成行的话，在完成探亲的同时可实地体会一次真正的大洋调查，这在当时的中国是没有的，对他的学术成长很重要。

一次真正的大洋调查？胡敦欣太想参加了。

Carl Wunsch教授的想法很简单：胡敦欣既然在美国访学，可以作为美方代表团成员参加这次调查，借机回国和家人团聚。胡敦欣也觉得没有什么问题，为保险起见，他先向中国驻美国大使馆进行了咨询，回复是"可以"。由于时间紧急，他赶紧通知了家人。

"中美长江口海洋沉积作用过程联合调查"项目源于1979年1月31日邓小平访问美国时签署的《中美科技合作协定》。该协定是中美建交后两国签署的首批政府间协定之一，极大地推动了两国海洋科技界之间的往来。为落实《中美科技合作协定》，1979年5月8日，中美在北京签订了《海洋和渔业领域科学技术合作议定书》，合作项目包括国际海洋学资料交换、海洋沉积作用过程联合研究、海气相互作用研究等。在所有合作项目中，第一个执行的就是海洋沉积作用过程联合调查。

这次联合调查是一次学科多、手段新的综合性调查，由中国"向阳红09"号、"曙光6"号、"奋斗一号"和美国"海洋学家"号四艘调查船联合执行。1980年5月，胡敦欣登上了美国"海洋学家"号调查船，船上有来自美国大学、科研机构的50多名科学家，以伍兹霍尔海洋研究所为主。

调查船到达上海后，参加此次调查的中科院海洋所的同事乐肯堂等人在"海洋学家"号上与胡敦欣相见。乐肯堂告诉胡敦欣，因为胡敦欣是作为美国考察队员并且乘坐的是美国调查船，可能存在"外交手续"问题。随后，曾呈奎所长也给胡敦欣打来电话，告诉他"先不要下船"，他们要与中国科学院外事工作局联系、请示。最后经过一番复杂的沟通，胡敦欣经过特别的外事程序后，终于安然下船。他不禁感叹："外事无小事。"

这次乘美国调查船的过程让他收获很多、感慨颇深。"海洋学家"号调查船在从美国到中国的航程中，进行了许多海洋调查项目，有非常详细的航次计划，一路上几乎没有停止开展各种各样的海洋调查，并且由于拥有先进的调查仪器和使用计算机，调查工作基本不影响航程。胡敦欣想，中国也要学习这些先进的科学理念和工作方法，提高海洋工作的效率。

在麻省理工学院，胡敦欣取得了很好的研究成果。大洋环流反演理论模式是 Carl Wunsch 教授的创举。在与 Carl Wunsch 合写的论文中，胡敦欣的贡献是把地球化学上"PO"（$=135PO_4+O_2$）在海洋中是独立于氧的一个保守量的概念引入大洋环流反演模式，大大提高了该反演模式的确定性和计算精度。经改进的大洋环流反演模式，是世界上大洋环流研究的重要参考文献之一，被广泛引用。

胡敦欣在美国学习的第二站是伍兹霍尔海洋研究所，这是位于马萨诸塞州的一所综合性海洋科学研究机构，是世界上最大的私立、非营利性的海洋工程教育研究机构。它致力于海洋科学与工程研究的各个领域，并培养专业的海洋科学研究人员。胡敦欣在此停留了半年，其间同该研究所物

图 5-5　1982 年，胡敦欣与伍兹霍尔海洋研究所物理海洋研究室主任 Robert Beardsley 在办公室合影

理海洋研究室主任、海洋学家 Robert Beardsley 教授合作开展研究。

彼时，美国海洋学界正在研究大洋与气候的关系（海气相互作用）。海洋与天气、气候和气候变化密不可分，海洋与大气之间存在着热量、动量、物质的交换，海气相互作用可造就千变万化的气候现象或极端天气，如厄尔尼诺现象、拉尼娜现象、台风等，进而引发全球性或地区性的气候异常和气象灾害。

经过一段时间的学习，胡敦欣觉得海气相互作用研究太重要了，因为它与人们的生产生活密切相关。尽管当时我国的海洋调查船只能在近海开展调查，尚无能力进军大洋，但胡敦欣依然一丝不苟地学习，他坚信："总有一天，我们一定能进军大洋。我国海洋科学的春天也应该在深海、在大洋开花结果。""走出近海、挺进大洋"的想法开始在他心中生根发芽。

在伍兹霍尔海洋研究所学习期间，胡敦欣还与该研究所的科学家一致商定，要联合开展南黄海环流与沉积动力学联合调查研究。

胡敦欣在美国学习的第三站是华盛顿大学。在那里，他与 David Halpern 教授合作开展研究。David Halpern 教授是美国航空航天局（NASA）地球科学研究的资深顾问，胡敦欣还在麻省理工学院时，David Halpern 就写信邀请他到西雅图校区的华盛顿大学。

当时美国科学家正在讨论开展全球大洋观测规划，即后来实施的"世界大洋环流实验"（WOCE）。

1982 年 1 月，美国海洋学家在西雅图召开"赤道太平洋海洋气候研究"（EPOCS）研讨会。与会的 David Halpern 教授、Joseph Fletcher 教授和 Joseph Huang 教授在华盛顿大学胡敦欣的办公室里与他交谈。希望在西太平洋地区开展海气相互作用联合研究，不知道中国是否愿意参加。

他们问了胡敦欣三个问题。

第一个问题是：中国政府是否会对海气相互作用感兴趣？胡敦欣回答：肯定会感兴趣，因为中国是农业大国，气候对农业生产非常重要。

第二个问题是：美国、中国的科学家可否在赤道西

图 5-6 1982 年，胡敦欣和 David Halpern 教授等人在西雅图聚餐

太平洋开展海气相互作用联合调查研究？胡敦欣回答：这个题目太好了！西太平洋有暖池，对全球气候有重要调控作用。

第三个问题是：我们该如何推动？胡敦欣回答：下个月（2月），中美海洋渔业合作工作组会议将在华盛顿研究合作事宜，我们拟一个书面建议，简要介绍一下合作项目。你们通过美方代表团提到谈判桌上，待中方代表到达华盛顿后，我先和他们沟通，重点说明海气相互作用很重要，西太平洋暖池对气候有巨大影响……我们看看谈判结果如何。

结果，在中美海洋渔业合作工作组会议上，双方一拍即合，同意合作。随后，中美热带西太平洋海气相互作用合作调查研究项目开始策划。

在美国学习的三年时光，使胡敦欣受益匪浅。他的收获不仅体现在英语水平的飞速提升，更体现在研究思维的开阔以及研究方法的灵活运用上。在美国期间，胡敦欣还结识了不少中国赴美学习和研究的学者，包括厦门大学洪华生教授、华东师范大学沈焕庭教授、中国科学院综合考察委员会孙鸿烈副主任和中国科学院大气物理研究所符淙斌研究员等，他们经常联系，共同研讨中美西太平洋合作相关事宜。

"从国际顶尖科学家身上，我学到了他们的科学思维，与他们并肩站在一起，让我看得更远。"胡敦欣加快了探索的脚步，开始向深海大洋迈进。

1982 年，学业有成的胡敦欣谢绝了美方的挽留，毅然回到祖国，全身

第五章 锐意进取 潜心洋流 89

图 5-7　1982 年，胡敦欣、毛汉礼访问美国夏威夷大学时与 Klaus Wyrtki 教授合影

心地投入中国的海洋科学事业。美国人不理解，可他们哪里晓得胡敦欣的心事：中国"科学的春天"需要人才，中国的发展和建设需要人才。这是一个中国科学家对民族未来的拳拳之心，生于斯土，念兹在兹！

挺进西太平洋

一般认为，现代海洋学成为一门独立的学科始于 19 世纪后半叶，源自 1873—1876 年英国"挑战者"号科学考察船的全球海洋调查。参加考察的英国海洋学家约翰·默里在其名著《海洋：海洋科学的阐述》中最早使用了"海洋学"这一名词，并给海洋学下了定义。约翰·默里也被称为"现代海洋学的鼻祖"。

20 世纪，物理海洋学理论在多方面得到发展。1925 年，英国的杰弗里斯提出风浪发生理论；1933年，英国的古尔兹勃龙提出热盐环流的模式理论，研究因蒸发及降水产生的海流；1945年，挪威的斯韦尔德鲁普和苏联的斯托克曼提出全流理论。而计算机的出现使20世纪50年代物理海洋学所有分支快速发展。

社会需求的剧增和海洋观测的快速发展，使海洋考察出现了前所未有的国际性，对推动物理海洋学发展起到了重要作用。20世纪60年代后，参加海洋联合调查的国家越来越多，如1963—1965年开展的国际赤道大西洋合作调查、1965—1972年开展的黑潮及其毗邻海区合作调查等。80年代后，热带海洋与全球大气研究计划（TOGA）、WOCE等一系列全球海洋观测实验计划的实施，把物理海洋学提高到了新的高度。

现代化立体观测技术系统在物理海洋考察中也得到了广泛应用。20世纪50年代发明并一直沿用至今的温盐深测量系统[①]，极大地改进了对海洋三维动力结构的观测和认知能力。"中性浮子"[②]的问世，使得70年代大洋中尺度涡旋得以广泛发现。卫星遥感和漂流、锚碇浮标阵列等观测手段相结合，开辟了全球海洋观测的新纪元，人类也经历了对物理海洋现象和过程认知的飞跃。

20世纪六七十年代，我国由于海洋调查仪器和调查技术手段落后，海洋科学调查研究基本局限于中国近海。西太平洋毗邻我国，对我国气候具有巨大影响；西太平洋暖池是世界上驱动大气环流的最大热源之一，它的变动显著影响着我国气候的变化。但由于国力和技术水平的差距，我国却没有能力走向大洋。

1978年12月，古老而庞大的中国航船转了一个弯，开辟了"改革开放"的新航向。这年，历经磨难却痴心不改的海洋学家曾呈奎院士担任中国科学院海洋研究所所长。他一手抓陆上和浅海的海洋研究，一手抓深海调查船建造和海洋仪器设备更新，希望尽快追上发达国家的步伐。在他和

---

① 用于测量水体的电导率、温度及深度三个基本的水体物理参数，是海洋及其他水体调查的必要设备。

② 1958年，英国海洋学家Swallow设计了一套用声学追踪在大洋中一定水层自由漂浮的"中性浮子"系统，对大西洋百慕大海域的底层海流进行测量。

同事们的积极呼吁奔走以及中国科学院有关部门的大力支持下，经国家批准，上海沪东造船厂为中科院海洋所建造一艘现代化新船。新船于1981年正式下水，命名为"科学一号"。它总长104米，排水量3324吨，配备先进通信、导航系统，是一艘以海洋地质和地球物理调查为主、兼综合性海洋调查的科学考察船。这条船太重要了，它使我国终于有条件和能力挺进西太平洋。

1979年，中美两国决定合作开展热带西太平洋海气相互作用研究项目，牵头部门分别是中国国家海洋局和美国国家海洋和大气管理局。为此，国家海洋局牵头成立了项目联合协调组和联合科学合作组，主要负责在技术方面与美国商讨、谈判，制订项目实施方案，明确双方责任、经费等。鉴于胡敦欣比较了解美国的情况，对海气相互作用研究工作有一定的经验，特别是具有参加美国大洋考察的经历，他作为中国科学院代表之一成为联合科学合作组成员。

海气相互作用是国际海洋和气象科学研究的重大课题之一。20世纪六七十年代，由于世界性气候异常，许多国家遭受数十年来最严重的暴雨洪水、酷暑干旱、低温冷害袭击，不但影响农业生产、海洋渔获量、海洋能源开发、海上交通运输，而且使数万人流离失所、生命财产遭到严重损失。各国学者普遍认为，热带海洋水温异常变化是世界气候反常的重要原因之一。为此，联合国世界气象组织和政府间海洋学委员会制定了"热带海洋和全球大气研究计划"[①]，美国、苏联、英国、法国等也制定和实施了一系列海气相互作用研究计划，掀起了全球海气相互作用研究的热潮。

胡敦欣很快就投入中美热带西太平洋海气相互作用联合科学合作组工作之中。他看得很清楚，认识也很到位：为了提高和改善我国海洋环境及灾害性、关键性天气预报能力，为国民经济各部门和海上开发活动服务，国家应尽快将大范围海气相互作用研究工作开展起来。其实，无论是否与美方合作，中国迟早要开展这项调查研究。与美方合作，既可以利用其先进技术和设备，还可以从美方获得东太平洋和其他洋区的海洋和气象资

[①] "热带海洋和全球大气研究计划"由政府间海洋学委员会和世界气象组织共同发起，该计划分准备、外业调查和室内资料分析三个阶段，1985年开始实施，共进行了10年。

料，引进先进的仪器设备，加速人才培养，在较短的时间内使我国物理海洋学和大气科学有较快地发展，在国家预防自然灾害方面作出贡献。

依据这一思路，联合科学合作组很快统一了思想，起草《热带西太平洋海气相互作用项目建议方案》，包括合作区域、合作年限与安排、合作方式、双方承担的责任等，经几次完善后，得到了双方认可。

胡敦欣参加了中美双方的谈判和协商。他充分利用对美国海洋调查研究工作比较熟悉的优势，积极为中国争取利益。如该协议初稿中规定，由美方提供必要的调查仪器设备，但没有写明数量。胡敦欣认为这样不行，一定要写出套数，如海洋调查使用的投弃式温深仪和探头、剖面海流计等，都必须写明两套，一套使用、一套预备。美方一开始不同意，因为这些仪器很昂贵，认为提供一套就可以了。胡敦欣据理力争，因为他在美国时，看到美国调查船上都是配备了两套。在他的努力下，协议中所有的仪器均按美国调查船配备标准标明了套数。

经过两国科学家的谈判和协商，中国国家海洋局与美国国家海洋和大气管理局于1984年7月19日共同签订了"中美热带西太平洋海气相互作用研究合作方案"。该方案在1984年8月6—13日召开的中美海洋和渔业科技合作第五次工作组会议上得到正式批准，并于1986年1月起开始执行。

在项目谈判过程中，胡敦欣由于工作繁多，疏于休息，逐渐感觉身体不适。1983年7月，他被查出患上了糖尿病。吃了三个月的中药后，病情得到控制，身体状况逐渐好转。

然而，胡敦欣还有一件工作必须马上开展，就是中科院海洋所和美国伍兹霍尔海洋研究所联合进行的"南黄海环流与沉积动力学调查研究"，这项合作是他在美国做访问学者时谈成的。按计划，该课题需要开展两个航次调查，第一个航次调查计划于1983年11月进行。胡敦欣便和大夫商量，能否开出中药让自己带着出海。大夫严肃地说："你现在每三天来诊脉调整处方，刚见好转就要出海，你不要命了？"胡敦欣心急如焚。海上合作迫在眉睫，如果他不能出海，调查就难以进行。几次央求后，胡敦欣坚定地向大夫表态："我已决定必须出海，恳请您给我开中药，出海后我会按时服药，监测血糖。"大夫拗不过，只好摇头说："我没见过你这样为了工作连命都不要的人。我给你开20副药，一定要按时服药。"

回到家，妻子徐贤义把20副中药煎好装入瓶子，让胡敦欣放在船上的冰箱里，每天早晚空腹各服一次。徐贤义还给胡敦欣带了许多自己用瘦肉做的肉松，叮嘱他每餐抓一把放在稀饭里，补充营养。科考队了解他的情况后，还让船上厨师每顿给他准备了豆腐。即便这样，上船后胡敦欣的血糖还是很快就上升了。

在海上的这段时间，胡敦欣每天要记录六次血糖监测的结果，出海回来时记录了整整一本。连续治疗了三个月后，胡敦欣的血糖才恢复到出海前的水平，如果此次出海时间再长一点，谁也不知道会发生什么。胡敦欣却并不后悔："如果再给我一次机会的话，我还是会坚持当初的选择。"在他心中，责任大于一切，"能够为科学事业奉献一点微薄之力，我甘之如饴"。

1984年4月，中科院海洋所物理海洋研究室换届，胡敦欣升任研究室副主任。这是他第一次走上领导岗位，胡敦欣认为这是组织对自己的信任，更加兢兢业业、忘我工作。

改革开放后，我国海洋国际合作交流工作在中央对外方针的指引下，本着参与国际组织活动要有大的主张和目标、双边合作要有计划地积极开展、重点搞好与周边国家合作交流的策略，全方位开展多边、双边合作，形成了多层次、多渠道、多形式的新局面。

胡敦欣三年的美国研修背景、熟练的英语口语以及与国外专家保持的良好个人关系，让他在物理海洋国际合作领域很快就取得了成绩。他开始出席一些有影响力的国际海洋会议，在国际学术组织中任职，并多次在国际会议上作学术报告，提升和扩大了中国在国际海洋中的影响力。1985年5月6—10日，胡敦欣参加了在巴黎召开的"赤道上层海洋垂直运动及其对生物资源和大气的影响"国际学术讨论会，担任会议组织委员会委员并作学术报告。

1985—1990年进行的中美热带西太平洋海气相互作用合作研究，外业调查进行了近5年，共8个航次，调查要素包括海水温度、盐度、深度、溶解氧自动测量、海洋生物、海洋化学等，获得了大量资料。通过对所获得的资料进行初步分析，胡敦欣等中国科学家预报了1987年的弱厄尔尼诺现象，他和于彦玲完成了论文《1985年冬将会有EI Nino发生吗？》，还独立完成了报告《86/87年EI Nino事件的分析》。

中日黑潮合作调查研究是根据《中日两国政府科技合作协定》于1986年开始实施第一个政府间海洋合作项目。项目开展的7年中，在合作海区进行了一百多个航次的外业调查，取得了大量资料，为黑潮研究提供了科学依据。同时，双方交换科学家达200多人次，双方的调查船三十多次停靠对方港口，开展了学术交流和参观访问活动。胡敦欣参加了该项目的调查研究工作。

1987年11月，胡敦欣在青岛组织召开了气候变化和海洋联合委员会（CCCO）太平洋专家委员会年会，该委员会由美国、日本、法国、中国等9个国家的11名专家组成（中国为胡敦欣研究员）。委员会主席Bruce Taft教授（美国国家海洋和大气管理局太平洋研究所高级研究员）和国际热带海洋与全球大气研究计划办公室主任Lyons博士出席了会议。

WOCE是20世纪80年代海洋学上最大的国际研究计划，是继TOGA计划后的又一个重要的全球海洋科学计划。胡敦欣很早就介入了该项目，是WOCE第一核心工作组成员。1988年，他在中科院海洋所主持召开了一次WOCE国际学术研讨会，提高了中国在WOCE组织的影响力。

1989年6月5—9日，应日本WOCE科学委员会主席、东京

图5-8 1988年，胡敦欣在"赤道环流与我国浅海环流的关系及其在海气相互作用中的作用"项目评审会上作报告

大学教授 Nagata 博士邀请，胡敦欣参加了在日本召开的第三次 WOCE 研讨会，并作学术报告。

1989 年 12 月 4—11 日，胡敦欣参加在俄罗斯纳尔奇克市召开的全球 JGOFS 研讨会。JGOFS 是 20 世纪 90 年代国际海洋学界研究前沿，胡敦欣参加这次研讨会对促进我国在全球海洋通量研究方面的国际合作非常有益。

1990 年 4 月 5—6 日，在澳大利亚霍巴特召开 WOCE 太平洋地区会议。中科院海洋所在该计划活动中作出了贡献，"科学一号"调查船的 7 条测线被国际 WOCE 委员会接受，列为重要研究内容。由于在该研究计划活动中作出的贡献，胡敦欣参加会议并作了有关"西太平洋环流研究进展与国际合作建议"的报告。

中美"热带海洋与全球大气海气耦合大气响应试验"（TOGA-COARE）合作于 1991 年 7 月在夏威夷达成协议并经中美海洋和渔业科技合作联合工作组第 10 次会议确认。该项目是国际 TOGA 计划的一部分，旨在了解热带西太平洋暖池区海气耦合作用对全球气候变化的影响，从而改进和完善全球海洋和大气系统模式。其强化观测期为 1992 年 11 月 1 日—1993 年 2 月 28 日，在热带西太平洋暖池区进行了连续 4 个月的外业调查。国际上有 19 个国家（地区）以不同形式参加了此次活动。作为双边合作和对国际计划的贡献，中国派出"向阳红五号"、"科学一号"、"实验 3"号海洋调查船参加了全过程的观测。随船参加调查的科技人员共 300 多人，外业调查取得了满意的成果，为这项多国合作计划的圆满完成起了关键作用，作出了巨大贡献，被国际上誉为"没有中国，就没有 TOGA-COARE"。当时，胡敦欣在澳大利亚汤斯维尔 TOGA-COARE 指挥中心作为中方代表协调多国海上观测试验工作。中国的此次活动也受到国际组织和美方的赞赏。

1993 年 6 月 22—26 日，中美海洋和渔业科技合作联合工作组在美国召开了第 11 次会议。会上，中方在西太平洋暖池区的观测受到有关国际组织和美方的认可，认为"这样大规模的国际活动，必须有中国这样的大国参加"。

此外，胡敦欣还参加了西太平洋地球物理会议（1990年8月21—25日）和JGOFS第五次委员会议（1990年11月26—30日）。

在这一系列海洋领域业务会议中，胡敦欣都认认真真、一丝不苟，把国际海洋学前沿研究引入中国，开辟新的研究领域，推动了我国海洋学研究的深入发展。

在国际学术组织委员中，胡敦欣是唯一的一名非教授委员。1986年国内重新开始评定职称时，经Wyrtki等三名美国著名海洋学教授向时任海洋所所长曾呈奎鼎力推荐，胡敦欣由助理研究员晋升为研究员。在推荐信中他们认为："胡敦欣在陆架上升流动力学、赤道动力学研究和推动国际合作等方面作出诸多重要贡献，是中国科学院海洋研究所的一大财富。"

在逐梦深蓝的路上，胡敦欣奋力前行，一项项杰出成绩的背后，是他无数的智慧与汗水、付出与努力。

发现棉兰老潜流

20世纪80年代，在推进中美热带西太平洋海气相互作用研究和南黄海环流与沉积动力学调查研究两项工作的同时，胡敦欣还在为另一项研究工作呕心沥血，就是热带西太平洋海气相互作用与短期气候研究。与热带西太平洋海气相互作用主要研究赤道东西方向海气相互作用不同的是，这次聚焦的是太平洋赤道南北的纵向过程。

这项研究源于胡敦欣在美国访学时的一些思考。他认为，从地理位置看，中国位于北半球，地处世界最大的洲（亚洲）的东部，东临世界最大的洋（太平洋），地理位置十分优越。从海陆位置看，中国幅员辽阔，有渤海、黄海、东海、南海，又临太平洋，是一个陆海兼备的国家。中国气候的主要形成影响因素有经纬度（南北所跨纬度大）、海陆格局（亚欧大陆的东部和太平洋西岸，形成了全球最典型的季风气候）、地形因素（山

图 5-9　1982 年在美国加利福尼亚访问时，胡敦欣（右 1）与孙鸿烈、符淙斌合影

地众多且高大，走向复杂）、洋流因素（近海以黑潮暖流为主体）和青藏高原（青藏高原是世界最高的高原，地势高峻，对中国气候的形成起着巨大的作用）。胡敦欣认为，从海陆格局、地形因素、洋流因素、青藏高原等中国气候主要形成因素看，研究中国海气相互作用亦应聚焦赤道向北的纵向过程。

1982 年，胡敦欣在美国加利福尼亚访问时，见到了老朋友孙鸿烈和符淙斌。孙鸿烈是著名的地理学家和资源学家，中国自然资源综合考察与区域开发研究领域的学术带头人，长期从事资源、环境领域基础与应用的综合研究和组织领导工作。符淙斌毕业于南京大学气象系，是中国科学院大气物理研究所研究员，长期从事气候和全球变化研究，是最早参与国际全球变化科学领域开拓工作的中国学者之一。胡敦欣介绍了自己的观点，孙鸿烈和符淙斌表示同意并一起讨论具体计划。

1983 年，胡敦欣与符淙斌上书中国科学院，建议组织多个研究所合作开展热带西太平洋海气相互作用与短期气候研究项目，聚焦赤道向北的纵向过程。他们的想法是：热带西太平洋海气相互作用研究与该区域的大气、自然地理以及青藏高原等要素都有关系，可以让相关专业研究机构都加入进来，共同研究。中国科学院接受了他们的建议。1986年，由中国科学院6个研究所（大气物理研究所、海洋研究所、南海海洋研究所、地理研究所、兰州高原大气物理研究所和广州地理研究所）共同参加的合作项目"热带西太平洋海气相互用与年际气候变化"（1986—1991）获得批准。

中国的海洋调查研究终于从近海走向了大洋。最高兴的当然是胡敦欣。作为此次海洋考察研究的首席科学家，自项目批准之日起，他就进入了"战斗状态"：制订考察方案、准备调查船只、购置考察设备、组织联合考察队伍……他计划使用1980年下水的3000吨级海洋科学综合考察船"科学一号"，开展我国首次西太平洋热带海域海洋与大气相互作用考察。"科学一号"具有开展深海和远洋调查的能力，船上有10个专门实验室，设备有当时最先进的卫星通信导航系统和综合调查设备。

1986年9月22日下午四点，随着"科学一号"考察船上的广播传来船长俞锡春"收锚起航"的命令，考察船从青岛港向热带西太平洋进发，拉开了"热带西太平洋海气相互作用与年际气候变化"调查研究的首航序幕。此次考察的菲律宾海介于东海、南海和西太平洋之间，位于西太平洋边缘海底火山活动带，是西太平洋最大的边缘海盆，也是令人"谈虎色变"的海域——海底火山一旦爆发，将引起可怕的海啸。水温达30℃的热带西太平洋是台风起聚地，在台风季节，短则三五日、长则七八天，必有一次台风，而"科学一号"考察船计划在这里进行了40多天海上考察。

太平洋上的厄尔尼诺之谜是当时世界海洋学家和气象学家研究的热点。厄尔尼诺现象主要表现为太平洋干旱的东岸变成多雨，而多雨的西岸变得干旱。它是全球年际气候异常的突出标志。20世纪80年代初，厄尔尼诺现象的出现，使我国东北夏季低温，农作物减产达三分之一；使澳大利亚粮食减产，损失达40亿美元。1985年，它在全世界造成的经济损失累计约83亿美元。因为直接影响了人类的生存条件，它的成因及预测日益被各国政府及科学家们关注。当时的世界海洋大国如美国、日本、法国等都在热带西太平洋开展考察，研究相关现象。他们进行的研究大都只注意低纬度区域东西方向能量的输送，特别是赤道西太平洋的暖水沿赤道向东的能量传播所引起的变化，还没有注意这种能量的径向输送和影响，以及对我国近海环流和东亚气候的影响。

开展此次热带西太平洋调查之前，胡敦欣在有关研究中已经发现东海大陆架上的几个环流分量与厄尔尼诺现象有相当密切的关系，他推测这很可能有助于预测厄尔尼诺的产生。于是，他有了一个大胆的假想，那就是赤道西太平洋暖水的能量是通过菲律宾海西部的边界流对大陆架环流产生影响的结果。如果确是那样，也就意味着东海的环流同厄尔尼诺是"脉搏"与"心脏"的关系，通过"诊脉"便知道心脏的情况，即通过开展东海的环流的监测，可提前预测厄尔尼诺的发生。

该航次是我国"七五"期间"热带西太平洋海气相互作用与年际气候变化"战役的首航，受到了各方特别的重视。船上的人数比一般的航次要多，共有97人，除科考队员和船员外，还有《科技日报》记者杜明明等5名记者。另外，船上还有一名特殊的考察队员——时年已74岁的戴力人。他是一位老远洋船长，新中国成立后，他放弃了在美国任远洋船长的优裕生活条件，毅然回归祖国，担任我国当时最大吨位远洋轮的船长。之后由于国家发展海洋科学事业的需要，他只身从上海来到青岛，出任我国第一艘海洋考察船"金星"号船长。几十年来，在出色完成科研任务的同时，他用丰富的航海知识和经验培养了我国首批从事海洋科学考察的调查船队员，亲自带船在我国近海进行过全国海洋综合调查和许多海洋考察，安全航行几十万里。虽已年逾花甲，却以"老牛自知夕阳短、不用扬鞭自奋蹄"自勉，干劲十足。此次西太平洋海域考察凶险万分，作为国内海洋界对那一带海域、海况最熟悉和最有经验的船长，戴力人坚持一定要参加，他的到来也给胡敦欣很大信心。

此次考察行程安排得很满，有将近70个综合观测站考察、50多个项目考察和8个断面考察，每项都有详细的考察计划。因此，虽然考察队员们来自不同的单位和部门，但由于安排得当，"科学一号"考察船出发后，一边航行、一边考察，各项考察任务均按计划不折不扣地进行着。

1986年10月1日国庆节当天，考察船到达太平洋腹地——热带西太平洋，这里距赤道仅有5纬度左右。船上举行了特别的国庆庆祝仪式：上午8点，两名水手捧着鲜艳的五星红旗，在雄壮的国歌声中将国旗缓缓升

图 5-10　1986 年,"科学一号"进军西太平洋欢送仪式（国旗后方右起：李光友、戴力人、胡敦欣、徐宝礼）

上了西太平洋的上空。船上的人们面对祖国的方向庄严地伫立着，心潮澎湃。胡敦欣也参加了升旗仪式。

10 月 17 日，到了收集深海浮标系统的时刻。浮标系统是以锚碇在海上的浮体承载水质、水文、气象学的监测仪器，获取海洋水文、水质、气象资料，为海洋科学研究、海上油气开发等提供服务。下午 3 点，太阳把甲板烤得灼热逼人，仿佛要燃烧起来。浮标小组的范继铨、李永祥、曲堂栋、白少英等考察队员穿着橘红色的救生衣，俯在船舷左侧，把铁钩投向海中的浮标。

海底似乎有个巨大的魔鬼在搅动海水，白花花的浪头像排山一样涌来，团团围住船身。船剧烈地晃动着，忽上忽下，忽左忽右。船刚靠近浮标，一个巨大的浪又把它推出十几米。半个小时过去了，调查船始终无法靠近浮标。这次布放的是深海浮标系统，浮标下有垂直的 2600 多米长的钢缆，系着 4 个多功能海流计。这种浮标系统是海洋立体调查的重要环节，它可同时测得同一位置多层次海水流动的状况，对研究海底以及海水

第五章　锐意进取　潜心洋流

密度跃层的空间分布、主流系的性质、分布及热量输送等都有相当重要的价值。

天倏地黑了，刹那间狂风夹着暴雨，噼里啪啦地砸在甲板上，船身在这股旋风的冲击下猛地倾斜了。

"风速每秒23米，达到十级"，中国科学院地理研究所的徐兆生攥着测风仪连滚带爬地跑来报告。此时，吊车刚把巨大的海面浮标吊起来，被狂风吹得来回乱晃。吊钩松了，下面是抢收海底仪器的人群。只见水手长刘守信奋不顾身地冲上去，艰难地攀向浮标的尖顶，天色灰黑，朦胧中只听见他的工作服被疾风吹得"噗噗"作响，看到人随着浮标在空中荡来荡去。一遍一遍，他终于抓住了吊车的钩子……

图5-11 胡敦欣（后）和崔茂常在西太平洋布放海流计

俞锡春船长铁青着脸，注视着险象环生的甲板。船在原地打转，2000多米长的钢缆加上4个海流计一起固定在海底的大铁锚上，船身倾斜了，恶浪咆哮着扑上甲板，情况万分危急。放弃钢缆和仪器，调查船立刻可以脱离险区，可是，光是4台海流计就价值几十万。

自发形成的"敢死队"冲向后甲板毫无遮拦的平台上，奋力拖拉海中的钢缆。他们脚下是顷刻就能把人切成碎片的巨大螺旋桨。由于风声太大，胡敦欣嘶哑着嗓子在指挥，不少人甩了鞋子，赤脚站在暴雨中，冻得直打战。然而，没有一个人退缩，李永祥、王刚等人自始至终站在最危险的位置，死死拽拉钢缆，手擦破了、腿擦伤了，却全然不知。

风更猛了，有人报告："这里正形成一个新台风！"几个人被冲倒在甲板上，后面的人又抢着抓起钢缆……科技处副处长张铭之、院保卫局耿建等人光着脊梁冲了上去。哗啦啦，又跟上去一批。雷电交加，人们紧紧站成几排，拼力抢拉钢缆。天色墨黑，一个个光着的脊梁上雨光闪闪，脚扣着脚、手钩着手，拧在一起，就像他们手中的钢缆……船上全体人员就这样与十级风浪整整搏斗了一个下午，直到晚上9点，终于从海底收回了所有的海流计。"成功了！"人们欢呼起来。

胡敦欣终于松了口气。在十级台风中成功回收深海浮标系统，这不仅在我国是第一次，在世界海洋考察史中也极为罕见。这次经历证实了我国制造的科学考察船"科学一号"完全可以胜任大洋考察，表明我国完全有能力独立进行远洋科学考察。虽然这次考察不是胡敦欣在海上遇到的最危险的一次，但责任和压力的加持，却是让他感觉最紧张的一次。同事们在危急时刻奋不顾身的精神，让他感动、感激。

10月20日恰逢胡敦欣50岁生日。这次考察从上船以来，高强度的工作加上本身就患有糖尿病，让他感到非常疲劳。海上考察将近一个月了，无论白天还是夜里，只要到了海上观测地点，他准会出现在甲板上，有时一晚上要爬起来三四次。随此次考察的《科技日报》记者杜明明一直想找机会采访他，

图5-12 胡敦欣参加的"东海陆架环流中两个重要分量的研究"获中国科学院1985年科技成果奖一等奖

见他天天如此疲惫不堪，只好把采访计划一拖再拖。可是此次考察业已过半，不能再拖了，胡敦欣答应在晚饭后完成采访任务。

杜明明自然十分高兴，近一个月的接触，以及从胡敦欣同事们采访中得到的信息，已经让他对胡敦欣有了许多了解：在跟随毛汉礼院士读完研究生之后，胡敦欣一直从事海洋上升流的研究。上升流是海洋流动的一种重要方式。由于其流速很慢，在海底沉积中的作用一直未被人们重视。1977年，胡敦欣参加东海陆架研究，无意中发现了东海海面上有明显的上升流——涡旋，这在我国属首次发现。接着，他又用海洋动力学方法研究海底沉积问题，一举成功。他关于"东海陆架环流中两个重要分量的研

究"荣获 1985 年中国科学院科技成果奖一等奖。

杜明明知道他很累，不想占用他太多时间，于是晚饭后的船舷旁便成了访谈之地。在杜明明问完了最后一个科学问题之后，又提了一个问题："在你 50 岁生日的时候，你在想什么？"胡敦欣想了想说：

> 一晃都 50 年了，太快了。好像还没长大一下子就老了。记得《城南旧事》里小学生念的课文《我们看海去》，我总觉得，自己就是那个爱海的孩子。我出生在胶东半岛的一个村庄，小时候却从未见过大海。在山东海洋学院，我头一回出海，晕得好凶，动也不敢动，整整躺了二十四个小时，五脏六腑都颠倒了个儿。回校来，不少同学坚决要转系，我坚持下来了。我想，人生最大的幸福，莫过于探索大自然的奥秘，莫过于能给后人留下点什么了。

10 月 29 日，"科学一号"胜利返航，全船 97 人安全回到祖国怀抱。此次考察，在台风起经地的菲律宾海整整颠簸了 6000 多海里；穿过 5 次台风、3 个热带低气压，击退了 3 次十级以上暴风的袭击；完成了 67 个综合观测，取得了上千万个珍贵数据，获得了大量计划外的资料……另外，还取得了一些新的发现。比如，太平洋西部边界流的结构具有涡旋特点；巴士海峡海流也不像传说的那样，而是南进北出。这些发现对研究太平洋赤道流系和西部形成的物理过程提供了新的重要线索。

此次考察结束后，1987—1990 年，胡敦欣作为首席科学家继续在西太平洋主持了一系列科学考察，获得了大量系统性的基础科学数据。在分析了 1986 年、1987 年和 1988 年三个航次菲律宾棉兰老岛以东沿北纬 7.5 度断面温盐深剖面仪资料后，通过计算，他发现在西太平洋棉兰老海流（Mindanao Current）下存在一支反向的潜流，他命名为"棉兰老潜流"（Mindanao Undercurrent-MUC）。该潜流是由两个相距约 60 千米的流核组成，每个流核宽约 100 千米，深度在海面以下 250~1200 米，最大流速可达 30 厘米/秒。这一物理海洋学现象的新发现，是太平洋西部边界流动力学上的一大进展，引起了国内外海洋学界高度瞩目和评价。

有关棉兰老潜流的发现，还有一个小插曲。

与在陆上开展科考不同，开展海上科学考察时，首席科学家与船长的配合至关重要，因此每次出航前都会由首席科学家预先设计、提交海上驻（停）站位计划。可在实践中，因时常出现偶发现象，科学家往往会临时变更航线，这就需要船长的理解和支持。

有一次在调查时，胡敦欣认为如果再增加一个站位观测会有更好的效果，便找到俞锡春商量："船长，咱们船能不能往前延伸一下，到这个区域停一天？"按说这已超出航次计划范围，况且那片海域航线非常陌生，难以预料。不过，俞锡春爽快地做出决定："没问题！只要有利于科研，我们全力配合。"

第二天，他们在菲律宾南部调查时，胡敦欣发现从热带东太平洋向西运动的海水，到菲律宾分成两支，其中向北流向中国、日本的黑潮，再折向东形成影响我国和东亚气候的副热带环流。他抓住这一现象，在不同深度、不同时间测量水温，计算流速等各种数据，确定这是一支次表层潜流，因是在菲律宾棉兰老岛附近发现，于是命名为"棉兰老潜流"。这是世界上首次由中国人发现的大洋潜流，引起国际社会极大关注。

此前传统理论认为，太平洋低纬度西边界流由棉兰老海流和新几内亚沿岸流等表层流组成。棉兰老潜流的发现，改变了有关太平洋西边界流动力结构的传统认识，是西太平洋环流动力学研究上的重要进展。

该发现于1989年在国际西太平洋及TOGA-COARE学术研讨会上发表后，即在国际上引起较大反响，获得广泛承认和引用。美国夏威夷大学Lukas教授等（1991）写道："这支次表层北向海流已被Hu and Cui[①]（1989）发现并命名为

图5-13 1992年，胡敦欣获中国科学院"竺可桢野外工作奖"

---

① Hu and Cui 指项目组成员胡敦欣和崔茂常，崔茂常是中科院海洋所研究员。

棉兰老潜流。"后来，这支潜流又获得了一些实测海流的进一步证实。Fine 等（1994）、Bingham & Lukas（1995）、Lukas 等（1996）、Kashino 等（1999）和美国 PBECS 实施计划（2000）等在所绘的海洋环流图中都标有棉兰老潜流。胡敦欣由于在此次西太平洋科学考察和研究中作出的突出贡献，获1992 年中国科学院"竺可桢野外工作奖"。

　　棉兰老潜流是自 20 世纪 50 年代初发现赤道潜流以来，有关西太平洋海洋环流的重要发现之一，是在国际上获得广泛承认的洋流，也是我国海洋科学研究走进深海的标志性成果。这一发现改变了人们对西太平洋环流结构的传统认识，将西太平洋海洋环流研究从二维（平面）推进到三维（立体），对研究海洋热量输送、气候影响具有重要理论和实践意义。这一发现还带动了美国、日本、澳大利亚等多国科学家的跟进研究，开创了热带西太平洋次表层潜流这一重要研究方向。

　　基于同期观测数据和理论计算方法，在考察过程中，胡敦欣还发现菲律宾吕宋以东的源地黑潮和北赤道流之下均存在反向流动的次表层潜流。其中，北赤道流之下的次表层潜流被命名为"北赤道潜流"，源地黑潮以下的次表层潜流后来被命名为"吕宋潜流"。两支潜流的流量均较大，其在大洋环流动力学和物质输运过程中的重要性得到了国际学术界肯定，相关成果被后续国际同行研究广泛采用。

　　不止于此，以棉兰老潜流为代表的三支次表层潜流被发现后，胡敦欣团队骨干成员王凡[①]研究员等还基于丰富的水文观测，系统研究了三支潜流整体结构、来龙去脉和形成机制，建立了由棉兰老潜流、吕宋潜流和北赤道潜流组成的低纬度西太平洋潜流系统框架。

　　通过调查研究，胡敦欣团队还提出了"太平洋西部边界流的经向热量输送对我国东南部冬天冷暖起着重要作用，我国整个大陆冬天冷暖不完全取决于来自西伯利亚寒潮的强弱与多寡"等学术观点，为我国的气候预报提供了重要的海洋学依据。

　　20 世纪 90 年代中后期，胡敦欣团队对太平洋低纬度西边界流进行了

[①] 王凡（1967- ），理学博士、研究员、博士生导师，现任中国科学院海洋研究所所长，中国科学院海洋学院院长，中国海洋湖沼学会第十二届理事会理事长。

更加深入的研究。利用多年观测资料，进一步证实了棉兰老潜流是一支常年存在的洋流，发现它所携带的海水主体来自南半球，进而披露了热带西太平洋次表层环流系统的存在，为了解南半球海水在西北太平洋的去向提供了线索。同时，通过建立动力学理论模式和比较系统的研究，揭示了棉兰老潜流的生成机制，进一步丰富了大洋环流动力学和西边界流理论的内容。

棉兰老潜流的发现是中国海洋科学研究从近海走向大洋的标志性成果，是自 20 世纪 50 年代发现赤道潜流以来，热带西太平洋环流的两项重大发现之一，也是迄今为止世界上唯一一个由中国人发现、命名，并在国际上获得广泛承认的洋流。它的发现改变了有关太平洋西边界流动力学结构的传统认识，是西太平洋环流动力学研究的重大进展。

第六章
不断创新　解密大洋

　　胡敦欣的海洋研究范围甚广，且在不少领域均取得了较好的成绩，这既是他努力工作的结果，也是他工作效率的体现。他有一种天然的能力，总能在陌生的研究领域快速找到解决问题的钥匙。他的科研轨迹始终与国家需求紧密交织，从率先在全球开展陆架边缘海海洋通量研究，再到系统构建海岸带陆海相互作用研究体系，再到为重启西太平洋海洋环流研究而竞逐院士称号，其学术生涯的每一次关键抉择，都彰显着"将论文写在祖国海洋"的赤子情怀。

海洋通量研究开新篇

　　长期以来，环境问题一直备受社会关注。第一次工业革命后，环境问题就一直伴随着人类文明发展的脚步，影响着人类的健康和生活质量。20世纪60年代，世界各国面临的环境问题日益突出，诸如大气污染、温室效应、森林锐减、水资源短缺、土地沙漠化等问题，无不严重制约着人类的生存与发展。在此形势下，国际科学界于20世纪60年代组织了"国际生物学计划"（IBP）[①]、70年代组织了"人与生物圈计划"（MAB）[②]。80年代后期，人类所面临的环境问题规模之大、程度之重、范围之广、影响之深远，必须用"全球性"方可概括。于是，国际地圈—生物圈计划（IGBP，又称全球变化研究计划）这项由70多个国家参与的超级科学计划应运而生。

1986年2月14日，国务院批准成立了国家自然科学基金委员会，并将"积极参与世界重大海洋科学研究，特别是与全球变化有关的海洋科学研究"确定为中近期主攻方向及重点之一，提出"根据我国的国力、基础和需要，要有重点地参加一部分全球海洋科学的国际合作项目，特别是WOCE、JGOFS、TOGA-COARE、GLOBEC、LOICZ"。

鉴于IGBP这一前沿性国际科学计划的重大意义，1987年，中国科学院资源环境科学与技术局向中国科协申请成立了IGBP中国委员会，于1988年5月28—29日在北京召开了成立大会，并以"全球变化中国委员会"名义加入国际IGBP计划。

IGBP中国委员会下设10个工作组及1个信息中心。其中，联合大洋通量与海岸带陆海相互作用计划工作组设在中科院海洋所，负责中国海洋通量研究和海岸带陆海相互作用研究。

JGOFS是IGBP的核心计划之一。20世纪80年代初，胡敦欣在美国访学时就注意到JGOFS研究计划。该计划是基础理论性前沿研究，同时又具有重要的应用前景。海洋对全球性气候影响的研究，以往一般注重于海洋与大气之间的热量和能量交换，如TOGA和WOCE。随着科学的发展，人们认识到海洋与大气之间的物质交换对气候也起着不可忽视的影响。

在全球气候变化中，大气中不断增加的二氧化碳产生的温室效应最为突出。为了预测大气中二氧化碳浓度的发展趋势，特别需要研究海洋吸收、贮存和转移二氧化碳的能力，了解碳在海洋中的转移通道，从而

[①] 实施时间为1964-1974年，有54个国家参加该计划。主要研究自然生态系统的结构、功能和生产力等，计划取得了重要进展，是人类大规模研究自然生态系统的开端。

[②] 联合国教科文组织科学部门于1971年发起的一项政府间跨学科的合作，主要研究生态学和生态保护的综合性大型计划。

预测大气中二氧化碳浓度和世界范围内气候的变化趋势。1987年2月和9月，胡敦欣参加了国际SCOR在法国巴黎召开的两次国际海洋通量会议，这两次会议均以二氧化碳等温室气体为对象，讨论全球海洋通量联合研究事宜。1988年1月，国际海洋科学研究委员会在美国迈阿密成立了国际JGOFS委员会。1989年，该委员会在荷兰海牙召开会议，讨论了有关海洋通量科学计划和国际合作计划的协调和实施等问题。1989年9月，该委员会在美国夏威夷召开的会议上确定了国际海洋通量科学计划和协调各成员国海洋通量合作研究计划。

胡敦欣一直跟踪全球海洋通量研究的工作进展，在国际JGOFS委员会1988年成立后，为使中国能跟上国际海洋通量研究的快速发展，他找到时任中国海洋科学研究委员会主席的曾呈奎院士，建议成立JGOFS中国委员会，尽快开展相关工作。中国海洋科学研究委员会当即批准。

在胡敦欣的不懈努力下，1989年1月19日，JGOFS中国委员会在中科院海洋所成立。该委员会的主要任务是组织和协调我国全球海洋通量联合研究并参与国际全球海洋通量研究工作。来自国家自然科学基金委员会、国家教育委员会、中国科学院海洋研究所、青岛海洋大学（现中国海洋大学）、国家海洋局（第一海洋研究所、第二海洋研究所、第三海洋研究所）、厦门大学、华东师范大学的13位学者和教授组成了第一届委员会，胡敦欣任委员会主任委员。

对于中国海洋通量研究工作如何开展，胡敦欣早有谋划。他认为，首先，这项计划对中国参与全球性海洋学研究、开展国际合作、促进海洋学发展具有重大意义。海洋通量是一个新的研究领域，世界各国都在同一起跑线，中国应尽快开展起来，争取走在国际前列，起到引领作用。其次，这项研究涉及海洋物理、海洋沉积、海洋化学、海洋生物等许多海洋学科，研究内容多、涉及面广，又是国际海洋学的研究前沿，必须有开放性的思维，既要吸取国外先进的研究经验和技术，又要吸引高学历的人才加入研究队伍，形成合力，确保研究工作顺利进行。

JGOFS中国委员会成立后，胡敦欣很快研究制定了研究计划，并于1989年2月19日召开专家会议讨论通过。同时，针对该项目参加人员分布在全国不同部门和单位的情况，组织出版了《中国JGOFS通讯》，以传递国内外海洋通量最新研究动态，协调各方的研究进度。另外，他还积极推动组织海洋通量国际合作和交流。如1989年12月4—11日，他应苏联海洋研究所邀请，参加了在俄罗斯卡巴尔达巴尔自治共和国纳尔奇克市召开

图6-1　1989年2月19日，胡敦欣主持召开JGOFS中国专家会议

的海洋通量研讨会，并在研讨会上作专题报告，交流研究信息，介绍中国海洋通量的研究进展。

为提升中国在西太区域海洋通量研究的影响力，1992年10月14—16日，胡敦欣在青岛组织召开了西北太平洋陆架海洋通量研究国际学术研讨会，来自美国、加拿大、日本、韩国和中国的60多名代表出席。会议讨论了西北太平洋陆架海洋通量研究有关科学问题，交流了各国有关科学计划和研究成果，促成有关国家在该研究领域的国际合作，为全球海洋通量的研究作出了贡献。

海洋通量研究的核心问题之一是碳循环。科学家在20世纪80年代曾估算，海洋每年可从大气吸收约6.7亿吨二氧化碳，不足人类排放的1/3，超15亿吨碳找不到去处，叫"碳的丢失项"。陆架边缘海是位于大陆和大洋边缘的海洋，尽管只占全球海洋总面积的7.6%，但其生物生产力高，因此不少学者认为陆架边缘海可能是这个"碳的丢失项"的主要去处。然而，也有研究结果表明，陆架上的初级生产力并不足以支持有机碳由陆架向陆架坡输运的假说，陆架边缘海不可能是"碳的丢失项"去处。因此，陆架边缘海是大气二氧化碳的"源"还是"汇"的问题，是JGOFS计划的关键问题。

当时，国际上海洋通量的研究重点是在大洋上进行。但胡敦欣提出：

中国海洋通量完全可以在近海，特别是在黄海、东海率先进行研究，因为这一海域有突出的特点，它是世界上最宽和生产力最高的大陆架之一。他认为，中国海岸带有世界最宽阔的陆架（东海大陆架）和巨大的物质、能量交换，有众多河流入海、巨大的物质通量、典型的季风气候特征和频繁的热带风暴侵袭，沿海生态环境有明显的地带性差异，这些特点使中国海岸带在全球有其特殊的地位，是进行海洋通量研究的理想场所。这一建议得到了国家自然科学基金委员会的大力支持。1992年，他以此为切入点，率先得到国家自然科学基金重点项目"东海陆架边缘海海洋通量研究"资助，使中国成为国际JGOFS计划中最早开展陆架海洋通量研究的国家之一。

由于东海陆架边缘海海洋通量研究项目的研究对象二氧化碳在大气温室气体中占比最高，且温室效应最显著，所以该项研究自然也成了我国海洋领域落实《联合国气候变化框架公约》、应对全球变暖最先和重要的"抓手"。

在项目执行期间，胡敦欣率领课题组分别于1993年10月、1994年4月和1994年10—11月，乘"科学一号"、"东方红"号和"金星2"号考察船，进行了3次海上实验考察，取得了包括浮游动物、浮游植物等二十多项大量的海上考察科学数据。通过仔细分析，研究团队在长江入海物质及东海陆架物质通量、输运规律方面取得了一系列开创性科学发现，得出了"东海是大气二氧化碳的弱汇区"的科学结论，并首次建立了一批用于海洋通量研究的新分析方法和手段。

虽然首次海上调查研究取得了重大成绩，但胡敦欣也有遗憾：由于项目执行期间一直没有合适的海洋调查航次，没有取得研究海域冬季的原始调查资料，也就意味着研究成果是不全面的。另外，项目涉及的海洋化学分析、海洋遥感资料处理等需要利用新的技术方法，课题组当时缺乏处理分析这些资料的人才，需要赶紧补全这方面研究。

1995年，"东海海洋通量关键过程研究"获得国家自然科学基金资助。结合第一个重点基金项目的春秋两季观测数据，胡敦欣采用海上考察、室内实验与资料分析和综合研究（包括卫星遥感、数据统计分析、数值模拟等）相结合的研究方法，制定并实施了详细的研究计划：1996 年重点收集东海海洋通量资料，准备冬季的海上考察，探讨东海固碳能力估算方法；1997 年 2—3 月开展第一次海上考察，对取得的数据进行室内实验和数据处理，召开项目学术讨论会；1998 年 7 月完成第二次海上考察，并对数据进行室内实验和处理分析；1999 年进一步对历史资料和现场资料进行综合分析研究，召开项目学术研讨会和中日东海海洋通量学术研讨会；2000 年对项目开展全面总结。

经过连续五年扎扎实实的工作，通过对所有观测数据及其他收集数据进行综合分析和理论计算，胡敦欣课题组取得了重大研究成果：一是通过研究黄海、东海细颗粒物质的输运沉积机理，发现了"东海上升流区与海底沉积区吻合"的现象，并从进一步科学分析中得出"陆架是凡有上升流的地方，海底沉积必为软泥；反之，凡有下降流的地方，海底沉积物必为粗颗粒沉积"的结论。二是经过计算，发现东海冷涡区和中陆架区夏季、冬季的初级生产力比世界其他陆架区海域的平均值要高，特别是东海在陆

图 6-2 1996 年 10 月，胡敦欣（前排右 3）参加在尼日利亚拉各斯召开的近海海洋物质通量研讨会

第六章 不断创新 解密大洋

架区要比世界其他陆架区高出4倍。三是通过研究东海冷涡区细颗粒物质沉积动力学过程，揭示冷涡区沉积物的来源依次为黄河、长江和周边再悬浮。四是首次计算了东海固碳（也称碳封存）能力，得出东海每年可从大气中吸收约430万吨碳，说明东海是大气二氧化碳的汇，其中陆架区基本上是二氧化碳的汇，河口近岸区终年是源，另外在黑潮附近也有一个几乎终年的源区。

胡敦欣牵头的上述两项国家重点基金项目，在世界上率先开展了陆架边缘海海洋通量研究，取得重大研究成果，这不仅在国内是开创性的，在国际上也是领先的，奠定了我国陆架通量研究的学科基础。

为使这些创新性成果为更多科研人员走进这个领域提供帮助，2001年，胡敦欣、杨作升等编写的国内第一部有关海洋通量的研究专著《东海海洋通量关键过程》由海洋出版社出版，详细介绍了东海海洋通量的关键过程和机理，以及在海洋碳通量计算、细颗粒物质输运沉积机理、冷涡区沉积动力学等方面的创新成果。该专著的编写过程出现了一些分歧，主要是在取得的成果中，有两项与其他一些相关研究的结论有较大差别。部分项目参与人员认为不必提那些研究文献及其结论。但胡敦欣认为应该实事求是，搞学术研究应该提倡百家争鸣。于是，他亲自为专著撰写了后记，并在其中进行了说明：

图6-3 2001年4月15日，胡敦欣主持"东海海洋通量关键过程"项目验收会

……特别是，用两个重点基金项目 4 个季度 5 个航次的观测数据，通过分析研究和计算，得到结论：①东海每年从大气吸收约 430 万吨碳，仅为一些文献报道的 1/5 左右；②东海并不是一年四季都是汇，与有些文献报道也不同。……不同的方法获得的结果肯定会有差异，甚至明显差异，本书都予以保留，供今后深化研究这些问题时思考。

当时世界海洋通量研究大多在大洋中进行。胡敦欣在黄海、东海等中国近海开展的相关研究，是对世界海洋通量研究的补充，在世界海洋通量研究中具有独特的意义。中国科学院海洋研究所原所长曾呈奎院士和国家自然科学基金委员会原副主任孙枢[①]院士均亲自为这本书作序。曾呈奎院士在序中写道：

……1989 年我任中国 SCOR 委员会主席的时候，胡敦欣建议成立 JGOFS 中国委员会，中国 SCOR 委员会当即批准成立，胡敦欣同志任主任委员。经他们的努力，海洋通量问题很快为我国海洋界所接受。在国家自然科学基金委重点项目支持下，他们于 1992 年率先在世界上开展陆架边缘海海洋通量研究，在中国开辟了一个新的海洋学研究领域，推动了中国海洋科学的发展。经过 8 年两个重点基金项目的支持，通过海上调查和室内研究，他们对东海海洋通量的有关问题进行了深入研究，获得了一批重要研究成果。

孙枢院士在序中写道：

全球碳循环是 IGBP 的三大中心问题之一。JGOFS 是 IGBP 的一项核心计划，专门研究海洋中碳等生源要素的通量问题。……在国际上还集

[①] 孙枢（1933-2018），江苏金坛人，著名地质学家，中国科学院院士。1991 年出任国家自然科学基金委员会副主任，2000 年当选中国科学院地学部主任。

图6-4 1992年11月6日，胡敦欣与东京大学 Toshio Yamagata 教授合影

中研究大洋海洋通量的时候，中国海洋学家[①]在国家自然科学基金委员会支持下，于1992年就开始连续以两个重点基金项目在世界上率先开展陆架边缘海海洋通量研究，这不仅在国内是开创性的，在国际上也是率先的。……这本书论述了东海海洋通量的有关关键过程和机理，在海气碳通量估算、细颗粒物质输运沉积机理、冷涡区沉积动力学、浮游生物在垂直碳通量过程中的作用等方面有不少创新成果，是第一部有关海洋通量的中文著作，很有参考价值。

胡敦欣还积极推动中日两国开展海洋通量联合研究。其中，"中日东海物质通量联合研究"双边合作计划在中方"东海陆架边缘海海洋通量研究"和日方"边缘海物质通量"两个项目基础上，由中国国家自然科学基金委员会和日本科技厅于1992年共同批准签订，并被中日科学与技术合作委员会列为中日政府间的合作计划。这是国际上第一个陆架边缘海海洋通量合作研究项目，中日双方共有80多人参加了该计划。胡敦欣和日本北海道大学 S. Tsunogai 教授分别为双方首席科学家。

1993—1998年，该合作项目开展了大量的研究工作。其间，中方的"科学一号"、"东方红"号和"金星2"号海洋考察船，日方的"海洋"号海洋考察船在东海共进行了8个航次、20多个观测项目的科学考察，获取了海水温度、盐度、透光度、海流、悬浮体含量、溶解氧、营养盐、初级生产力、浮游植物的种类与数量等大量科学数据。

双方根据合作协议还成立了中日协调委员会，每年举行一次年会，共

---

① 这里的"中国海洋学家"指胡敦欣。

同协调研究计划进展、交换资料、评价研究成果、开展学术交流活动。1993年起，中日双方先后召开了6次协调会议，为促进双方计划的协调和实施起了很好的推动作用。另外，双方于1994年11月14—17日和1995年11月15—17日分别在日本北海道和中国青岛召开了"碳及相关物质在近海海洋——大气系统中的通量"和"近海物质通量学术讨论会"两次国际学术会议，共发表论文40多篇。

中日海洋通量联合研究取得了巨大的成功。取得的成果包括：确定东海是二氧化碳的汇，东海每年可以从大气中吸收约1000万吨碳；浮游植物在碳的垂直转化通量中起着非常重要的作用；东海陆架碳的存储量以无机碳为主；颗粒碳的垂直通量中以颗粒有机碳为主；提出了东海入海物质和陆架生成物质向外海输运主要是在冬季季风驱动的垂直环流作用下进入冲绳海槽的结论，并得到冲绳海槽沉积物捕获器的资料证实，计算得出东海陆架向冲绳海槽年输运的颗粒物质约为0.10亿~0.15亿吨，约占长江年入海物质的2%；发现东海陆架悬浮物的层化现象；指出东海的再悬浮过程在物质的水平和垂直通量过程中起着重要作用，等等。

图6-5　1999年12月18—19日，胡敦欣（前排右5）在青岛参加中日海洋通量研讨会

海岸带陆海相互作用研究拓新域

20世纪80年代，为解决人类社会面临的可持续发展问题，世界气候研究计划（WCRP）联合科学委员会提出了急需投入研究力量来应对的七大科学挑战：冰冻圈消融及其全球影响；云、环流和气候敏感度；气候系统的碳反馈；天气和气候极端事件；粮食生产用水；区域海平面上升及其对沿海地区的影响和近期气候预测。

由于七大科学挑战及其综合效应是关系到人类生存和持续发展的大问题，IGBP于1989年提出了"海岸带陆海相互作用研究"（LOICZ）重大研究课题，主要目标是通过该项研究，评价和预测未来在气候变化、土地利用方式的改变、海平面变化及其他人类活动的影响下，海岸生态环境和生存环境的变化与发展，为海岸带综合管理和可持续发展提供科学依据。

LOICZ课题处于有关学科领域发展的前沿，又是自然科学多学科交叉及其与社会科学的交叉点，IGBP中国委员会于1993年4月24日在青岛正式成立了LOICZ中国工作组（后改称委员会），作为IGBP中国委员会下属第四委员会。其任务是：负责对IGBP计划LOICZ项目的国际联系；积极参与LOICZ有关的科学活动；推动和协调全国有关单位的海岸带陆海相互作用研究，开展学术交流；向国家提供咨询。刘瑞玉[①]院士为LOICZ科学委员会委员、中国工作组组长。

委员会起草了中国LOICZ科学计划，在1993年美国北卡罗来纳州首府罗利市召开的LOICZ科学委员会第一次会议上提交。中科院海洋所刘瑞玉院士出席了会议并在会上介绍了我国有关海岸带陆海相互作用研究的概况和我国复杂多样的海岸带环境及其在有关研究中的重要地位，受到与会者的重视。

---

① 刘瑞玉（1922-2012），河北乐亭县人，海洋生物学家和甲壳动物学家、中国海洋底栖生物生态学奠基人，中国科学院院士。

胡敦欣时任中科院海洋所副所长，分管中国 LOICZ 工作。1997 年，胡敦欣领衔的中国科学院重大基础研究项目"中国陆海相互作用及其环境效应"获得批准。该项目立足于我国正处于快速发展的国情，将目标定位于"海岸带和海洋可持续发展下，研究自然变化和人类活动对海岸带产生的环境、生态影响，为海岸带综合管理、近海海洋环境和资源的可持续发展与利用提供科学理论依据。"历时 4 年，该项目取得丰硕的研究成果，并于 2001 年 4 月出版了专著《长江、珠江口及邻近海域陆海相互作用》。

胡敦欣设计了有针对性的 LOICZ 研究框架，主要有：中国海物质来源（主要是河流和风尘）的变动；中国陆架海域物质的运移、输送和循环过程；大洋与陆架边界物质、能量的交换过程；中国海碳、氮等生源要素及痕量气体的通量与循环过程及量值估计（生物地球化学过程）；近海环境变化对生物资源补充和变动的影响；人类活动对近海生态系统与环境影响的趋势预测，以及陆架物质通量循环过程数值模拟及近海环境变化预测模型的建立。

该项目是我国陆海相互作用领域第一个重大基础研究项目，由中科院海洋所、地理科学与资源研究所和南海海洋研究所联合承担。利用所搜集的历史资料和海上实验调查资料，对长江、黄河、珠江入海物质（水、沙、营养物质等）的变化规律、东海水循环和物质输运的各种过程、细颗粒物质的循环沉积过程、东海的营养盐循环和初级生产力的限制因子以及珠江口缺氧环境、东海物质循环及其环境效应的数值模拟等方面进行了深入的分析研究，取得了许多有新意的多学科交叉性的研究结果。揭示了 20 世纪 60 年代以来长江溶解无机氮、磷含量的时序变化规律及其与流域施肥的密切关系；利用长江大通水文站（位于安徽池州梅龙区）和黄河利津站（黄河最下游的水文站，位于山东省利津县利津镇）历史资料开展对比分析，得到长江、黄河水沙特征的差别及其原因；通过对 6 个调查航次资料分析，发现台湾暖流水北侵及其对长江口附近海水理化环境的影响以冬季最强等。另外，项目还建成了研究海域陆海相互作用的多学科综合数据库，主办了多次学术研讨会议。

1998年，JGOFS中国委员会和LOICZ中国委员会两个机构合并为LOICZ/JGOFS中国委员会，胡敦欣担任主任委员。

由于LOICZ课题研究范围广泛、参与单位和研究人员众多，LOICZ/JGOFS中国委员会成立后，胡敦欣每年都组织召开委员会年会暨学术研讨会，针对研究现状和该领域的国际发展趋势，深入研讨我国相关研究的关键科学问题和发展方向，向有关部门提出针对区域性陆海相互作用问题，联合、利用地方优势开展研究，并提出沿主要河口及其邻近海岸带进行一次全面的陆海相互作用问题的调研活动，以便提出更有针对性和有效的研究计划，很好地推动国内相关研究的发展和项目立项工作。

在胡敦欣的引领下，通过LOICZ/JGOFS中国委员会组织的学术活动和宣传工作，陆海相互作用和海洋通量问题逐渐被有关部门和科学家所重视，并列入国家重点基础研究发展规划和国家基金委"十五"规划，先后有国家重点基础研究发展规划项目、国家基金重点和面上项目、中国科学院"十五"重大项目和知识创新重要方向项目等陆续实施。例如，有关海洋通量和陆海相互作用研究在"八五"期间得到的重点基金资助项目占整个海洋学研究的比重为40%，在"九五"期间提高到66.7%。"九五"期间，中国科学院以其重大项目资助了中国第一项陆海相互作用研究项目后，又以知识创新重要方向项目支持了其后续的"中国主要河口及邻近陆架海域陆海相互作用研究"。

2000年以后，胡敦欣多次参加科技部组织的国家重点基础研究发展规划"十五"计划研讨会。在他的努力下，"中国近海陆海相互作用动力学过程及预测"列入了《"十五"国家重点基础研究发展规划计划指南》。另外，胡敦欣还参加了国家自然科学基金委员会组织的战略研讨会，特别是参与了"2000年后全球变化及其区域响应"研究计划的编写，"陆海相互作用和海洋通量（碳循环）"被列为研究计划的重要方向和内容。

2002年7月1日，胡敦欣在青岛组织召开了国际陆海相互作用学术研讨会，来自国内外的专家、学者围绕陆海相互作用和海洋通量这两个国际前沿研究领域，作了11个精彩的学术报告。国际LOICZ委员会代表、欧洲LOICZ研究计划负责人、Jozef Pacyna教授就LOICZ过去的活动和未来的打算作了长达45分钟的大会报告。

由于LOICZ/JGOFS中国委员会出色的领导组织能力，中国陆海相互作用和海洋通量研究取得了卓越的工作成绩，在国家重点项目立项方面不断取得突破，如华东师范大学承担的"长江河口通量研究"获得国家重点基金项目支持，中国海洋大学、华东师范大学牵头的"中国河口—近海陆海相互作用及其环境效应"获得"973"计划支持。在国家自然科学基金项目方面，也有不少LOICZ/JGOFS项目获得资助，如"海洋胶体物质在赤潮生物营养动力学中的作用研究""水沙通量变化条件下的黄河三角洲海岸演化机理与建模"等获得国家自然科学基金面上项目资助；"黄河流域水资源演化与可再生机理"的子课题"流域水沙过程变异规律研究"获得国家重点基础研究规划项目支持。上述项目在中国主要河口及其邻近陆架海域组织实施了多次、多学科综合性调查，收集了大批有关陆海相互作用研究的基础数据；通过在长江、黄河口物质通量、长江口及邻近海域环流与物质输运、细颗粒物质的循环沉积过程、东海的营养盐循环和初级生产力的限制因子等方面进行深入的分析研究，得出了诸多有新意的多学科交叉性的研究发现，取得了一批创新性成果。

除在国内开展学术活动外，胡敦欣还带领LOICZ/JGOFS中国委员会组织或参与了多次国际学术活动。1994年4月，在胡敦欣联系和努力下，LOICZ/JGOFS中国委员会组织科技部"陆海相互作用研究科学代表团"成功访问越南；中越陆海相互作用研究于2001年5月被正式列入中越政府间科技合作协议；2001年11月19—26日，科技部"陆海相互作用研究科学代表团"第二次访问越南，双方通过落实合作计划，推动了两国在长江、湄公河邻近海域陆海相互作用研究工作的开展。

1999年10月，胡敦欣主持召开了由LOICZ国际项目办公室资助的东亚陆海相互作用学术研讨会，成立了由中国、韩国、越南、日本、俄罗斯等国家学者组成的东亚陆海相互作用（EA-LOICZ）科学工作组。2001年2月，胡敦欣作为3位组委会成员之一，参与组织了在香港召开的东亚区河流流域陆海相互作用研讨会。另外，在2001年7月于荷兰阿姆斯特丹召开的全球变化开放科学大会、2002年5月于美国迈阿密召开的LOICZ集

图6-6 2002年，胡敦欣（前排右2）率团赴瑞典、挪威参加"海洋科学中全球变化与可持续发展培训班"

成与未来科学会议、2003年6月30日—7月11日于日本札幌召开的第23届国际大地测量和地球物理学联合会（IUGG）委员会大会、2003年10月10—17日于韩国首尔召开的北太平洋海洋科学组织（PICES）年会以及联合国教科文组织政府间海洋学委员会"全球营养盐模型"专家组会议上，以胡敦欣为首的中国科学家通过大会报告、墙报等多种方式宣传中国的陆海相互作用和海洋通量研究成果，引起国外的广泛注意，提升了中国在国际组织中的地位。

在海洋通量与海岸带陆海相互作用研究工作中，胡敦欣十分重视队伍建设和人才培养，组建了由中科院海洋所、中科院地理所的30余名科研人员构成的多学科交叉、年龄结构合理、学历层次高、创新实力强的研究队伍。经过几年的培养锻炼，一些中青年学术骨干逐渐成长为国内各相关学科和全球变化研究领域的中坚力量，王凡、庞重光等一批中青年研究人员开始担当重任。

当 选 院 士

中国科学院院士是国家设立的科学技术方面最高的学术称号，院士制度是党和国家为树立尊重知识、尊重人才导向，凝聚优秀人才服务国家设立的一项重要制度。

胡敦欣对院士并不陌生，1979年在麻省理工学院学习时，他的导师Carl Wunsch教授就是一名美国国家科学院院士。Carl Wunsch的年龄比胡敦欣还小两岁，但当时已是誉满全球海洋界的科学家，是有史以来世界规模最大的海洋学实验WOCE的提出者和驱动者。Carl Wunsch教授在学业上给了胡敦欣很多指导，这让胡敦欣对院士制度另眼相看。

让胡敦欣对院士称号感兴趣是在20世纪90年代后期，理由有两个。第一个是成绩。通过努力，他已取得了不少有价值的研究成果，如发现和命名棉兰老潜流，发现东海冷涡，在海洋通量研究方面取得了不错进展，这些研究成果都是很有分量的。第二个是形势。当时，TOGA和TOGA-COARE等国际海洋合作计划即将结束，国际上大规模的西太平洋调查研究热潮归于平静。而一旦国际合作研究计划停止，西太平洋海洋环流研究必将进入"断档期"，这对我国来说是个损失。他希望借助院士称号发起和推动一项西太平洋国际合作研究计划。

胡敦欣知道，要想重新启动西太平洋调查，无论是经济上、科技水平上，还是硬件设备上，光凭中国自己肯定是不行的，必须走国际合作之路。这就需要我们主动接触世界海洋科学先进国家和国际海洋界知名科学家，去沟通、去交流，而这就涉及沟通接触双方的身份问题。国际上，院士制度是大家都比较认可的一种制度，院士由科学界选举产生，重荣誉、轻待遇，国际海洋界知名科学家很多都是院士。因此，尽管胡敦欣并不看重院士待遇，但他觉得自己如果选上了院士，对今后进行国际交流将更加有利，对重新启动西太平洋调查研究是有帮助的，对国家也是有益的。就像1986年单位给自己补发研究生毕业证书一样。[1] 毕竟，从地理位置看，重新启动西太平洋调查，最大的受益者肯定是中国。

2001年，胡敦欣第三次参加中国科学院院士增选工作。在《被推荐人登记表》中"科学技术方面的主要成就、贡献"部分，时年65岁的胡敦欣填写如下：

从事海洋学研究数十年，在大洋环流、陆架环流和海洋通量研究等方面，有多项科学发现，取得了开创性和系统的学术成就，是我国海洋通量研究的创建人。

一、大洋环流研究方面

1. 于1986年至1990年在西太平洋主持了一系列大型科学考察，发现并命名了"棉兰老潜流"，是50年代初发现赤道潜流以来，热带西太平洋环流的两项重要发现之一，也是迄今为止世界上唯一由中国人发现、命名并在国际上获得广泛承认的洋流。这支潜流的发现改变了有关太平洋西边界流动力学的传统认识，得到广泛承认和引用。该成果获1991年中国科学院自然科学二等奖。

2. 大洋环流反演理论模式是美国科学院院士Carl Wunsch的创举。在与Carl Wunsch合写的论文中，主要贡献是把地球化学上的"PO"（=135PO$_4$+O$_2$）在海洋中是独立于氧的一个保守量的概念引入反演模式，大大提高了反演模式的确定性和计算精度。经改进的大洋环流反演模式，是当今世界上大洋环流研究的重要参考文献，被广泛使用。

二、陆架环流研究方面

1. 大洋中尺度涡发现是70年代世界海洋学上的重大进展。胡敦欣通过考察和资料分析，首次在我国陆架上发现中尺度涡"东海冷涡"，开展了系统研究，开创了我国陆架中尺度涡研究，使我国陆架环流研究由"气候式"研究阶段进入"天气式"研究阶段。此后，不少学者

---

[1] 胡敦欣1966年研究生毕业时，因中科院海洋所处于"文化大革命"混乱之中未能发研究生毕业证书，给胡敦欣后来的研究工作带来很多不便。1984年，中科院海洋所给他补发了研究生毕业证书。

相继在黄、东、南海也发现了中尺度涡。该成果获 1985 年中科院重大科技成果一等奖。

2. 传统风生沿岸上升流理论是无限深海、常量风区的稳态或非稳态模式。胡敦欣将其发展到有限深海和时空可变风区的非稳态理论模式，大大拓宽了风生沿岸上升流理论的适用范围；另外，通过考察发现"浙江沿岸上升流不仅夏季存在，冬季依然存在"的科学事实，进而提出浙江沿岸上升流的非风生机制，是对沿岸上升流传统理论的重要修正，获得公认。

三、海洋通量与物质输运研究方面

1. 陆架边缘海是大气二氧化碳的源还是汇，不仅是"全球海洋通量研究"和"陆海相互作用"的核心问题之一，现在也成为全球变化研究计划全球碳循环研究的焦点之一。胡敦欣带领中国海洋学家在世界上率先开展陆架海洋通量研究。通过连续 2 项国家重点基金项目的支持和中日东海物质通量合作研究项目，在东海组织实施了 5 次海洋通量多学科综合调查，估算了东海吸收大气二氧化碳的能力（每年吸收约 430 万吨），得到"东海是大气二氧化碳的一个弱汇区"的结论，为正确估算全球陆架海洋在全球碳循环中的作用提供了重要依据；提出长江入海沉积物向外海大洋输运的风生理论，模拟估算出长江、陆架悬浮物每年向冲绳海槽的输运量（约 700 万吨，为长江入海量的 1.5% 左右）；论述了碳等生源要素的垂直通量过程和东海冷涡区细颗粒物质沉积动力学过程。

2. 过去，人们只注意海水水平流动对沉积物的搬运作用，没有人注意过微弱的上升流会对物质输运产生什么影响。从发现东海冷涡开始，通过环流和沉积资料的综合研究，发现"在陆架上，凡有上升流的地方，其海底沉积必为软泥"的科学规律，并从动力学上阐明上升流在细颗粒物质输运沉积过程中的重要作用，是陆架沉积动力学的一项重要进展，获广泛引用。由此而诞生的"冷涡沉积"已变成中国海洋沉积学界的常用术语。

客观如实地填好了表格后,他感叹"数十年的工作仅用了1300余字就完全表述,最大的感觉就是工作和贡献还是做得太少了"。但最终的结果却是成功当选。

2001年12月14日,中科院海洋所为胡敦欣和同年当选院士的同事郑守仪[①]举行庆祝会。会上,胡敦欣谦逊地说:

> 感谢祖国、人民和党对我的培养,感谢海洋所领导和同事们的帮助和支持。我今天能够当选为中国科学院院士,如果用百分比来划分的话,我认为50%是各级领导和同志们的帮助和支持,30%是我老伴徐贤义的功劳,我个人顶多能够占20%。

[①] 郑守仪(1931-),中科院海洋所研究员、博士生导师,中国科学院院士,原生动物学家,长期从事中国各海域现代有孔虫的分类及生态研究。

第七章
引领西太　走向国际

在全球气候变化深刻影响人类社会的时代背景下，海洋作为地球系统的关键组成部分，其环流规律与海气相互作用研究成为国际科学竞争的前沿阵地。20世纪后期，中国海洋科学在国际舞台上尚处于"跟跑"阶段，如何突破传统研究框架、在全球海洋治理中发出中国声音，是胡敦欣这一时期主要思考解决的重大问题。

1989年，海洋环流与海气相互作用研究实验室的独立建制，标志着中国海洋科学向深海大洋研究的战略性转向。胡敦欣院士担任该实验室主任后，以国际视野擘画学科发展蓝图：他率先倡导参与国际海洋学计划，从WOCE到IGBP，在全球海洋研究网络中为中国谋得话语权；更以"大三角"概念为起点，提出构建西太平洋海洋环流与气候研究的中国方案，推动NPOCE国际合作计划顺利启动。

牵头发起NPOCE国际合作计划

1989年12月，为更好地推进科学研究，海洋环流与海气相互作用研究实验室作为中科院海洋所的重点实验室从海洋水文物理研究室中分出来后，胡敦欣担任了该实验室主任。他鼓励实验室人员主动参与国际项目和国际组织的学术活动，并身体力行，积极参与国际海洋学前沿的科学指导活动，把国际海洋学前沿研究引入中国，开辟新的研究领域。他先后担任了国际黄海研究会会长、CCCO 太平洋分会委员（1984—1993年）、WOCE 第一核心工作组成员（1990—1993年）、IGBP 科学委员会委员（1995—2001年）、JGOFS 科学指导委员会委员（1988—1990年）、LOICZ 科学指导委员会委员（1995—1999年）、PICES 物理海洋与气候委员会委员（1991—2002年），太平洋海洋科学组织物理海洋与气候委员会委员，国际海洋物理科学联合会/国际水文科学协会（IAPSO/IAHS）地下水-海水相互作用联合委员会委员等，推动了我国海洋学研究的国际交流。

多年以来，胡敦欣一直呼吁中国在全球变化研究方面提出有国际影响、具有国际引领作用的科学计划。全球变化是一门研究地球系统整体行为的科学，将地球的各个层圈（如大气圈、水圈、岩石圈和生物圈）视为一个整体，探讨地球系统过去、现在和未来的变化规律，以及控制这些变化的原因和机制。他认为，全球变化概念提出的十多年里，中国都在跟踪国际前沿，时至今日，我们对全球变化国际研究状况已经有了比较好的了解，也有了一定的研究能力，随着中国国力的不断提升和科研水平的提高，我们不能再一味地"跟踪"了。

早在 2000 年，针对全球和中国气候变化研究的状况，胡敦欣等人就提出了"大三角"的概念。所谓"大三角"，即由西太平洋、印度洋和青藏高原组成的三角形海陆区域。他认为，这个区域有世界上最高的山（喜马拉雅山）、最大的洋（太平洋），是一个变化多端的热源区，也是一个复杂的海-陆-气耦合系统，它控制着东亚季风，特别是南海夏季季风的爆发的早晚和强弱，直接影响我国的夏季降水、旱涝。中国有必要也有能力牵头，带动周边国家甚至欧美海洋科技强国，开展"大三角"区域海-陆-气相互作用研究，这不但可以提高我国气候预报预测水平和防灾减灾能力，而且可以显著提高我国在国际海洋与气候研究领域的科学地位，具有重要而深远的科学意义和应用价值。他的提议得到了许多科学家的响应。

在热带海洋与全球大气研究计划和世界大洋环流实验计划执行期间，中国是计划参与者之一，并在其实施过程中发挥了重要作用。国际TOGA-COARE的5条主力调查船中，有3条是由中国派出的。在此期间，我国科学家研究并发现了棉兰老潜流、吕宋潜流、北赤道潜流等，初步奠定了中国在热带西太平洋环流与海气相互作用研究领域的国际地位。

当时我就一直在想，中国可不可以自己先组织牵头干呢？这是一个巨大的机遇和挑战，我们要抓住它，干个十年八年，我们在这个领域的研究水平和能力一定能够大幅度提升！

西太平洋气候系统是全球气候系统的重要组成部分。其中，西太平洋暖池是全球最大、海水温度最高的洋区，对全球特别是东亚地区气候系统和社会生产生活具有重要影响。因此，西北太平洋海洋环流与气

图 7-1　1998 年 11 月，胡敦欣（前排右 3）在厦门参加中国海洋研究委员会第六届会议暨中国海洋学研究布局学术研讨会

图7-2 2000年3月29日，胡敦欣与相建海所长（右1）、曾呈奎院士（右2）、刘瑞玉院士（右3）在一起

候研究对于理解全球气候变化、提升我国气候预测能力至关重要。①

有一次在接受采访时，胡敦欣感慨道：尽管过去几十年对西北太平洋海域的研究取得了明显进步，但是对此区域平均环流的了解仍不完全，对低纬度西边界流的变异则知道得更少。比如，海上现场观测数据的缺乏，严重阻碍了对副热带－热带水热交换以及它们在热带海洋－大气环流的10年以及更长时间变化中作用的了解。过去由于对此区域观测较少，并不能提供足够的可靠信息，以验证数值模拟环流对暖池的维持及其低频变异具有重要作用的能力。

进入21世纪后，中国及时调整了海洋科学的发展方向，在继续开展中国近海研究的基础上，适时提出了发展大洋观测和研究、揭示海洋在全球气候变化及中国区域气候中作用的思路。"ARGO计划"通称ARGO全球海洋观测网，是由美国等国家大气、海洋科学家于1998年推出的一个全球海洋观测项目。计划用3~4年时间，在全球大洋中每隔300千米布放一个卫星跟踪浮标，组成一个庞大的ARGO全球海洋观测网。2002年中国加入了国际ARGO计划，并于当年在东印度洋投放了中国第一个ARGO浮标。2003—2005年，中国ARGO大洋观测网试验项目在西北太平洋海域布放了19个ARGO浮标，初步构成了中国ARGO大洋观测网框架，显示中国正在加强对西太平洋和印度洋的观测和研究。

胡敦欣觉得这些努力还不够，特别是在2001年12月中国加入世界贸易组织后，随着海上国际贸易蓬勃发展，海洋对于中国的重要性与日俱

---

① 吴月辉：探秘洋流，提升气候预测能力.《人民日报》，2018年6月9日。

增。同时，鉴于西太平洋在海洋环流与海气相互作用研究中的重要地位，美国、日本等国科学家对于再次开展大规模西太平洋海洋环流调查研究均跃跃欲试。

2004年10月，胡敦欣和王凡去美国访问，找到了美国几个主要开展西太平洋研究的机构，与领衔科学家商谈。在访问夏威夷期间，还与美国科学家讨论了西太平洋环流未来研究方向。在这个科学问题上，大家取得了共识，却因为经费短缺和其他原因，没有采取相关行动。但大家一致认为，应该发起继TOGA之后的新一轮西太平洋海洋环流大型国际调查研究计划。

必须尽快拿出中国方案。随后，胡敦欣开始筹备相关计划。他适时提出了发起"西北太平洋海洋环流与气候实验"（NPOCE）国际合作计划的构想，并积极在国内外奔走，组织了一系列国内外学术交流和研讨：

2006年，中科院海洋所进入中国科学院第三期知识创新工程。同时，为方便NPOCE国际合作计划开展，成立了海洋环流与气候环境联合研究中心，挂靠在海洋环流与波动重点实验室。该中心主要由国内相关单位科学家和国外华裔科学家组成，主任为胡敦欣和张平。张平时任美国得克萨斯农工大学海洋与气象科学教授、得克萨斯气候研究中心主任。

2006年10—11月，胡敦欣率团访问了美国华盛顿大学、美国国家海洋和大气管理局、太平洋海洋环境实验室、伍兹霍尔海洋研究所等机构，就热带西太平洋合作调查研究的主题和时间表与美国海洋科技界人士进一步交换了意见，大家都非常赞赏他的构想。

2007年1月17—19日，由中科院海洋所承办的"全球海洋联合观测伙伴关系[①]第八次会议"在青岛召开。来自中国、美国、巴西、加拿大等16个国家和地区的知名海洋研究机构、6个国际组织的共70多位著名海洋学家，围绕"国际地球观测组织与海洋"这一主题开展交流研讨。

[①] 全球海洋联合观测伙伴关系（POGO）旨在为全球重要的海洋科学研究机构领导者提供不同区域的海洋学科观测信息（如海洋环流、生物学和气候），实现海洋学多学科观测信息交流与共享，POGO还积极鼓励发展中国家开展海洋观测与研究，并为发展中国家提供所需的海洋环境信息。

2007年5月17—19日，胡敦欣在青岛发起并主持召开了NPOCE国际研讨会，会议主题是"研讨NPOCE计划设计、筹划国际合作试验研究"。来自中国、美国和澳大利亚多年从事西太平洋环流研究并迫切希望发起和组织国际合作计划的14位物理海洋学家参加了会议。与会专家一致认为：西北太平洋海洋环流与气候密切相关，在季节内到年际时间尺度上的变化非常显著；鉴于该海域环流在动力学和气候学上的重要性，发起和组织NPOCE国际合作计划是十分必要的。与会科学家经过深入研讨，确定了NPOCE重点调查研究的海域和工作目标，形成了NPOCE计划基本框架。

2007年7月，中国科学院决定，根据国家社会未来发展需求，从经济持续增长和竞争力提升、社会持续和谐发展、生态环境持续进化与人类社会相协调等三大目标出发，开展面向未来的科技发展路线图研究。其后，中国科学院启动并组织开展了"中国至2050年重要领域科技发展路线图战略研究"。该项研究集中了中国科学院300多位高水平的科技、管理和情报专家，其中包括近60名院士。胡敦欣是该研究中"海洋领域科技发展路线图战略研究"顾问组成员。在2009年出版的研究成果《中国至2050年科技发展路线图》中，"发展西北太平洋区域性海洋环境立体监测能力、认识海洋动力环境变异规律及其与全球气候变化的关联"等被作为明确目标提上了日程。

2007年7月和12月，胡敦欣先后在日内瓦和广州向世界气候研究计划/世界气象组织（WCRP/WMO）总部和"气候和海洋：变率、变化及可预测性项目"（CLIVAR）[①]国际科学组织太平洋分区介绍NPOCE国际合作计划，得到了一致肯定。WCRP/WMO建议将NPOCE国际合作计划列入CLIVAR计划。CLIVAR太平洋分区成立了NPOCE与西南太平洋海洋环流实验（SPICE）国际计划特别工作组，胡敦欣担任联合组长。

到2007年底，NPOCE计划得到2个"973"计划的支持，所设计的2

[①] 设立于1995年，是WCRP的四个核心项目之一，旨在提高对海气相互作用、气候变化率的认识及预测，促进人类社会和环境的可持续发展。CLIVAR吸引了全世界海洋与气候研究领域最杰出专家参与，在国际社会具有重要影响力。

个核心调查海域之一——吕宋岛以东长期海洋环流观测研究开始启动。

在NPOCE计划高效推进的同时,另一件大事也在多年努力之后进入最后的冲刺阶段,那就是中科院海洋所海洋环流与波动实验室升级为中国科学院重点实验室。2008年是该实验室评估升级的关键之年,实验室全体人员高度重视、精心准备,在9月26日顺利通过现场评估和检查后,于11月2日终于通过了中国科学院新建重点实验室综合评审答辩工作。重点实验室升级成功不仅是其发展历史中的重大事件,客观上也为NPOCE计划实施创造了良好的环境。胡敦欣院士的学生王凡研究员任该重点实验室第一任主任。

为进一步扩大NPOCE计划的参与度和影响力,聚集智慧、展望未来,推进整体综合性研究,胡敦欣建议举行一次高水平的学术会议,该提议得到了国家自然科学基金委员会和中国科学院的大力支持。

图 7-3 2008 年 10 月 29 日,胡敦欣(前排左 1)参加第 333 次香山科学会议

香山科学会议是我国科技界以探索科学前沿、促进知识创新为主要目标的高层次、跨学科、小规模的常设性学术会议,以评述报告、专题报告和深入讨论为基本方式,探讨科学前沿与未来。2008年10月第二十届香山红叶节举办之际,中科院海洋所在北京香山饭店发起第333次香山科学会议,会议主题是"西太平洋海洋环流与气候研究的机遇与挑战"。这是我国在西太平洋海洋环流与气候研究领域最高层次的全国性学术会议。会议聘请胡敦欣院士、苏纪兰院士、黄荣辉院士、吴国雄院士担任会议执行主席,来自科技部、国家自然科学基金委、中国科学院以及中科院海洋所等21个单位的42名专家参加。

会上,胡敦欣作了题为"西太平洋海洋环流与气候研究的机遇与挑战"的主题评述报告,介绍了国内外在这一研究领域的动态,分析了当前的发展形势及机遇与挑战，提出了展望。参会人员围绕西太平洋三维环流结构及其变异机理、西太平洋海气相互作用机理、西太平洋在全球及东亚气候变化中的作用三个中心议题作了大会专题报告。通过讨论，与会专家一致认为：西太平洋在全球气候系统中起着极为重要的作用，西太平洋海洋环流与沃克环流①和哈得来环流②紧密耦合，控制着海洋的热量输送和聚散，对西太平洋暖池的演化、ENSO循环③和季风等气候现象的变化起着重要调控作用，进而对全球和我国的气候变化产生深刻影响。我国在西太平洋海洋环流与气候国际合作研究方面已初步占据了有利地位，这既是机遇，更是挑战。

2009年2月13日，以胡敦欣为负责人的国家自然科学基金重大项目"太平洋低纬度西边界环流系统与暖池低频变异研究"启动会在青岛隆重举行，该项目是我国物理海洋学领域第一个重大基金项目，也是第一个有关大洋研究的重大基金项目，总经费为1000万元。该项目以中科院海洋所为依托单位，与中国海洋大学、北京应用物理与计算数学研究所、中国科学院大气物理研究所、广州大学组成了来自海洋、大气和数理学科的基础雄厚、优势互补、创新能力强的研究团队，主要研究成员均是国际知名、具有一定影响力的科学家。这个项目的启动，有力地推进了NPOCE国际合作调查研究计划。

在各项工作加速推进的同时，胡敦欣一直在思考两个重点问题。第一个问题是NPOCE团队建设。他带领的热带西太平洋边界流研究集体自20世纪80年代起就前瞻性地开展深海大洋研究工作，在太平洋西边界流的三维结构和变异机制方面进行了深入研究，取得了一系列突破性原创成果。研究团队历时30多年，发现了棉兰老潜流、吕宋潜流和北赤道潜流，构建了热带太平洋西边界流三维结构框架，可以说是战功赫赫。但即将面对的是深达万米的热带西太平洋，所面对的问题、解决问题需要

---

① 沃克（Walker）环流是存在于地球赤道附近低纬度地带东西方向的热力直接环流，发现于20世纪20年代，由赤道海洋表面因水温的东西面差异而形成。

② 哈得来（Hadley）环流是赤道附近受热上升的气流在上升到对流层后，分别向两极方向移动，之后逐渐冷却，约在纬度30°附近沉降，然后由地表向赤道移动，形成一个循环。

③ 厄尔尼诺和"拉尼娜"的合称。

的技术手段等与以往不可同日而语，NPOCE 团队必须尽快补充新生力量。第二个问题是深海潜标的设计以及如何安全地在深达万米的西太平洋施放并开展深海观测。深海潜标是一种自海底至海面的锚系海洋观测系统，海底处由重力锚固定，海底至海面由缆绳贯穿，缆绳上悬挂浮球及各种海洋要素测量仪器。20 世纪 50 年代初，潜标技术首先在美国得到发展；至 80 年代初期，潜标系统发展成熟，在海洋环境监测中起了很大的作用。2000 年，美国伍兹霍尔海洋研究所开始研制实时传输潜标并取得成功，它通过感应耦合技术，将测量数据传输到水面浮标，然后通过卫星发射到岸站。

由于 NPOCE 计划探测海域的深度均在数千米以上，加之当时国内潜标技术尚不成熟，2009 年 7 月，胡敦欣带领王凡、田纪伟等一行 5 人对日本海洋科技中心和东京大学等进行了专题考察，就在西太平洋 5000~9000 米处施放深海潜标开展深海观测与日本专家进行交流。

在日本海洋科技中心，胡敦欣向日方介绍了我国 NPOCE 的有关情况，包括我国在西太平洋的海洋观测研究现状。Imawaki 博士介绍了日方近几年的观测计划和现状，表示希望双方在大洋研究方面加强合作。在深海潜标技术交流会上，双方就深海潜标的设计和布放等进行了详细地交流、研

图 7-4　2009 年 6 月 30 日，胡敦欣（前排左 5）访问日本海洋科技中心

讨。其间，代表团还参观了日本海洋科技中心深海观测相关仪器设备，观看了日方布放和回收浮标、潜标的实况录像等。日本海洋科技中心的科研人员介绍了他们的若干最新调查研究成果，对潜标系统的设计、布放和回收等问题提出了许多有益的建议，并提供了一些急需的数据资料。在东京大学，代表团与理学部部长 Yamagata 教授及其研究集体进行了学术交流和会谈。代表团还参观了日本 NGK 公司海洋仪器部，对该公司生产的可用于潜标系统的水下绞车技术进行了详细考察和咨询。

为进一步扩大 NPOCE 的国际影响力，2009 年 9 月，胡敦欣率团参加了在意大利威尼斯召开的海洋观测大会。海洋观测大会是国际海洋科学界共同发起、每十年举行一次的系列会议，是引领全球海洋观测领域发展的高水平大会，该会议旨在讨论、规划、引导未来全球海洋观测的发展方向，具有广泛国际影响力。此次会议汇聚了全球从事海洋观测的三百多名精英，是海洋观测较为权威和系统的大会。会议系统回顾了十年来包括卫星和现场观测等海洋技术的发展、基于观测的海洋分析与预报技术、海洋在全球变化下的响应及作用等，从多个层面阐明海洋观测的发展趋势，为后十年海洋观测发展路线的制定提供全面信息和重要研讨平台。

胡敦欣作为 2009 年海洋观测大会专题圆桌会议"一个变化的世界亟须海洋观测"评述人之一出席了大会，并在大会专题会议"气候变异及其可预报性研究计划太平洋分支专题观测项目：聚焦西边界流"上进行了介绍和讨论，获得与会专家的一致认可，并通过与 CLIVAR 项目办公室及其太平洋分支负责人交流和磋商，确定了 NPOCE 计划工作重点以及推荐至 CLIVAR 科学指导委员会审批的工作程序。2010 年 1 月 17—18 日，NPOCE 实施计划国际学术研讨会在厦门召开。此次会议旨在针对 NPOCE 科学计划提出的核心科学问题，研讨并制定以现场观测和数值模拟为主要研究手段的 NPOCE 合作调查研究的实施方案框架。

胡敦欣和 CLIVAR 太平洋分区主席、澳大利亚联邦科学与工业研究组织（CSIRO）蔡文炬博士担任会议主席。会议期间，与会学者围绕 4 个核心科学问题，提出了开展 NPOCE 国际合作调查研究所面临的研究和技

图 7-5　2010 年 1 月 17—18 日，胡敦欣在厦门组织召开 NPOCE 实施计划国际学术研讨会

术上的挑战及初步解决方案。参与 NPOCE 国际计划的 10 个国家的 19 家研究机构的代表，分别介绍了其参与 NPOCE 计划的合作意向、研究基础、研究条件与时间安排，以及对推动 NPOCE 发展的可能贡献。经过与 CLIVAR 科学指导委员会和太平洋分会主要负责人的商讨，会议决定于 2010 年 2 月底完成 NPOCE 科学与实施计划编写，并提交 CLIVAR 科学指导委员会。为此，与会学者根据各参与方的具体情况，讨论了 NPOCE 国际合作调查研究的实施计划框架，制定了 NPOCE 实施计划编写内容、时间表和任务分工。

2010 年 4 月 23 日，NPOCE 科学与实施计划正式获得 CLIVAR 组织批准，成为国际合作计划。

NPOCE 是中国发起的海洋领域第一个大型国际合作研究计划，中国、美国、日本、澳大利亚、韩国、德国、印度尼西亚、菲律宾的 19 个研究所参加，40 余位科学家直接参与相关调查研究，其中 20 位为中国科学家，他们在其中发挥着主导作用。NPOCE 科学指导委员会由 12 人组成，胡敦欣担任主席。

NPOCE 国际合作计划以西太平洋为切入点，逐渐向中东太平洋、印度尼西亚海域 / 印度洋、跨赤道进入南太平洋和向北至中纬度海域等方向延伸，同时垂直方向上向更深层（包括海沟）发展，逐步使我国的海洋科学研究领域扩展到全球海洋。

2010年5月30日，NPOCE国际合作计划启动大会在青岛召开，中国科学院副院长丁仲礼，CLIVAR科学指导组组长Martin Visbeck教授，国际科学理事会执行委员会成员、太平洋科学协会主席、中国科协副主席符淙斌院士，国际气象与大气科学协会主席吴国雄院士出席了会议。苏纪兰、刘瑞玉、唐启升、胡敦欣等院士，我国科技部、国家自然科学基金委、国家海洋局等部委领导，以及来自美国、澳大利亚、日本、韩国、印度尼西亚、中国的60余名科学家出席了启动大会，共同见证该国际合作计划的正式启动。NPOCE国际合作计划的启动，奠定了中国在该项研究领域的国际地位。

布放首套深海潜标

NPOCE国际合作计划启动大会结束后，下一个任务就是出海调查，而出海调查的第一场战斗就是攻克深达万米的深海潜标及其布放的技术难题。胡敦欣组织了最强的攻关队伍，包括王凡、张林林、胡石建、汪嘉宁等一批技术过硬的青年英才。

深海潜标是一个自海底至海面的锚系观测系统，海底处由重力锚固定位置，海底至海面由缆绳贯穿，整条缆绳的不同深度上固定有观测设备及提供浮力的浮球，保证缆绳基本垂直状态，各个设备就可长时间观测不同深度的海洋水文要素。

王凡时任中科院海洋环流与波动重点实验室主任。1989年他从中国海洋大学本科毕业后，师从胡敦欣攻读研究生，从此结缘大洋环流，致力于与全球气候变化相关的海洋环流动力学研究。

对于深海浮标观测，王凡曾有过一次不成功的经历。2005年，中国海洋大学牵头和中科院海洋所联合申报一个西太平洋研究课题，获得立项。

王凡和同事在西太平洋布放了 4 套观测潜标,第二年去回收却一套也找不到了,一年的期盼打了水漂。"当时,我国还没有在深海布放过潜标,在近海布放的潜标也不深于 100 米。我们参照近海标准做的设计,低估了大洋的海况。"王凡说。

攻关队伍中,张林林研究员在潜标方面算得上有些资历,但对 6000 米深的潜标也谈不上多少经验。张林林说:

我在 2008 年参加过其他单位组织的调查,算是有一点经验,所以胡院士就让我来具体负责这个事情。NPOCE 第一套潜标我们初步确定在深达万米的菲律宾海沟西侧陡坡上进行布放,布放的理想区域大概只有 2 公里见方,在此处布放潜标就如同在狂风呼啸的万米悬崖上扔下一串石头,而石头必须不偏不斜地落在峭壁上的方桌上,其难度可想而知。那个时候我们都是第一次做,没有任何的经验可以参考,几乎是从零开始做那些设计。

学生胡石建回忆说:

西太平洋潜标建设还有些特别原因,就是胡院士的坚持。20 世纪 80 年代,胡院士参加 TOGA-COARE 中美合作项目,发现了棉兰老潜流,这是一支反向的重要海流。90 年代又进行了一些观测,每次都能测到棉兰老潜流,但是变化非常大,一直搞不清楚是什么原因。胡院士考虑到这个原因,一直想着去对这个海流、当然还有周边的一些其他海流做一个连续的测量。

王凡、张林林、胡石建他们决心优化设计。张林林说:"潜标好似一根海带,根部拴一个重物,落到海底起固定作用;上面用缆绳串上一串测量海水温度、盐度和海流等方面的仪器;仪器附近还要挂上浮球,确保回收时任何一处断掉,所有仪器都能浮上来。"其中,浮球在不同海流下会产生倾斜,他们为此专门开发了计算软件计算姿态;仪器怕锈,就安装了锌块当牺牲阳极；所有的不锈钢连接件都包覆上一层工程塑料；设备方面，布放潜标时不能磨损仪器和缆绳，科考船上的起吊装置也进行了改造。

"为了达到预期的科学目标，从潜标设计开始，包括不同深度观测要素设计、仪器的布置安排、各个深度浮球的数据等全部细节都需要经过准确的计算。差之毫厘，失之千里。"项目组成员汪嘉宁对航次中有关潜标每一个环节的计算数据都了如指掌。

"实际设计和操作过程是非常复杂的，深海大洋中，海面风浪千变万化显而易见，而看不见的还有海底地形沟壑纵横、海洋内部激流暗涌，所以设计、布放潜标并保证其能长时间安全运行耗费了我们团队的不少心力。"王凡回忆起来忍不住有些感慨。

当时中科院海洋所的船舶条件落后，团队也缺少经验，他们反复观摩了国际上其他国家的潜标布放视频，召开了10次航次方案专家论证会，不放过任何细节。根据潜标布放的不同技术环节，设计了作业流程图，明确标明每个队员在不同环节的位置和具体工作，并据此进行了多次"实战演习"。大家都知道，这是一次只能成功不许失败的试验。

胡敦欣参加了潜标设计布放的每一次讨论会和论证会。对他而言，虽然因年龄原因不能继续出海调查了，但他丰富的出海经验、对海上调查问题的预判和解决方法思路，对潜标的设计、布放、回收方案的完善作出了很大贡献。

NPOCE合作计划启动当年，在国家重大基金"太平洋低纬度西边界环流与暖池低频变异研究"支持下，由王凡担任首席科学家和张林林担任考察队长的国家自然科学基金委员会2010年西太平洋科学考察实验研究共享航次，于2010年11月15日—2011年1月5日组织实施。这是NPOCE国际合作计划启动以来，中国首次在西太平洋进行的大型考察。首航当天，75岁的胡敦欣在中科院海洋所领导的陪同下来到码头，为承载希望的远航考察船和考察队员送行。

经过十多天平稳地航行，2010年12月，"科学一号"考察船终于到达西太平洋潜标布放地点。第一套深海潜标布放开始了，"科学一号"考察船开始逆流慢行，王凡指挥科考队员站在甲板上，把缆绳、仪器、浮球等摆上甲板。他们用 A 形架先把"海带梢"——主浮球放到海表面上，一边走一边放缆绳；每隔一段，串上仪器，挂上浮球，放到海里。6000 多米长的绳子，带着球和仪器漂在海上，船行不能太快，否则绳子绷得太紧会拉断；也不能太慢，慢了绳子会绞成一团。"科学一号"是 1980 年服役的老船了，没有动力定位，没有无级变速，一起步"哗"地蹿出去，船长赶紧吆喝"停"，停船滑行了一会儿又太慢了，船长再吆喝"前进"，就这样一步、一咯噔，反复开船、停船不下 200 次。王凡的一颗心一直悬在半空，生怕这艘"老爷船"的发动机受不了，趴了窝。

　　四五个小时后，重力锚终于入水了，它拖拽着缆绳缓缓沉向了海底。这一刻，王凡的心提到了嗓子眼：重力锚可千万别拽着潜标滑到海沟里去呀！时间一分一分地过去，突然，船载接收机的屏幕一亮，安装在主浮球上面的声学通信机传回了第一串信号——潜标正常工作了！甲板上顿时沸腾了，科考队员们发出欢呼声。

　　王凡的博士生李元龙在船上负责绘图，根据接收到的潜标数据，把水下的流速、流向画出来。仅靠 1 分多钟声学通信收回的数据，就画出了棉兰老潜流，而且比以往用地转动力计算公式方法推算的还要强劲。"棉兰老潜流是胡院士一生中最重要的科学发现，但以前是通过温盐深等水文数据反演推算出来的，从未被直接观测到。这次，我们亲手'逮'到了它。这一刻，我替胡院士感到高兴！"王凡回忆说。王凡和考察队员赶紧把这张图用卫星传真发给了远在青岛的胡敦欣。自己的科学发现在学生手中得到了实测验证，还有什么能比这件事更令人高兴呢？

　　热闹过后，张林林倒是很冷静。当时国际上对深海潜标的放、收间隔一般是一年，这次潜标的寿命也是按一年来设计的。但是，第一次潜标放下去大概过了半年以后，张林林觉得，我国在西太平洋没有那么多的经验，为了稳妥起见，就建议胡敦欣把它回收上来。

　　张林林回忆说：

2011 年 6 月底，我给胡院士发短信，说考虑到这个事情的重要性以及安全，我建议夏天就把它收回来。胡院士接受了我的建议。于是在2011年7月，我作为首席科学家带领团队到西太平洋去收了这个数据。

"科学一号"考察船返航后，课题组对整个潜标系统进行了仔细检查。和张林林担心的一样，缆绳已有磨损现象，说明大洋深处的水流速度和变化超过了原先估计，这给潜标系统后来进一步完善提供了科学依据。

这次6100米深海潜标成功回收的意义是巨大的。在海流湍急、海底地形陡峭的棉兰老潜流核心区，首次在国际上获得了长时间（227天）连续观测数据。研究结果表明，强劲的棉兰老潜流最大流速达66厘米/秒，其核心深度在800米左右，最深可超过1000米。这是新发现的现象，这样强劲的棉兰老潜流也是首次发现，超出以往的想象。另外，在风速多变、流速强劲、地形如此陡峭的条件下，准确将潜标投放在预定位置，在国际上并无先例。这为今后我国大洋深海测流浮标设计布放、大洋浮标观测网建设以及NPOCE计划的实施提供了很好的范例和可贵的经验。

通过潜标实测数据，胡敦欣团队终于直接观测到这些潜流并摸清了它

图7–6 2011年7月4日，胡敦欣（前排左8）视察"科学一号"考察船

们的变化规律，在西太平洋环流动力学领域取得一系列创新成果。多项研究成果发表在世界著名科学研究刊物上。

建设西太平洋潜标观测网

借助第一次的成功经验，胡敦欣团队在潜标设计和海上作业等方面制定出了一套科学化、规范化、流程化的方案。以王凡、张林林、胡石建、汪嘉宁等人为首的一支经验丰富、技术过硬的青年人才队伍在学习和锻炼中成长起来，为下一步西太平洋潜标科学观测网的建设奠定了坚实基础。

2011年9月26—27日，胡敦欣在青岛主持召开了NPOCE国际合作计划科学指导委员会会议。来自中国、美国、韩国、日本的9位委员会成员和蔡文炬博士参加了会议。胡敦欣对NPOCE国际合作计划自2010年5月启动以来的成果进行了汇报，并进行了下一步规划。

2012年10月15—17日，西太平洋海洋环流与气候国际开放科学研讨会在中国青岛召开。来自中国、法国、美国、澳大利亚、德国、日本、韩国、菲律宾等13个国家的200余位专家学者出席了大会。胡敦欣代表主办方致了欢迎辞。对这次会议的意义，以及研究范围从西北太平洋推至西太平洋的意义，胡敦欣说：

> 西太平洋海洋环流与气候研究一直是国际科学界关注的重大前沿科学问题，该海域拥有全球最大的暖池，是全球海洋对流最强、降水最多以及台风多发的海域。西太平洋海洋环流变异是决定我国洪涝、干旱等气候灾害的关键海洋因子，同时对暖池的形成、演变起着极为关键的调控作用，对全球气候有着深刻影响。这次大会旨在面向国际科学前沿，促进多学科交叉与融合，将有力促进各国科学家在西太平洋海洋环流与气候研究领域开展学术交流，进一步推动更为广泛、深

图 7-7 2012 年 10 月 15 日，西太平洋海洋环流与气候国际开放科学研讨会在青岛召开

入的国际合作，为全球气候变化研究作出贡献。

胡敦欣认为："我们不能老是跟踪国外、学习别人，应该抓住机遇开展研究，经过努力拿出自己的东西来。"

2012 年 6 月，中国科学院新建成的"科学"号远洋综合科学考察船进行了海上航行试验。该船具有全球航行能力及全天候观测能力，是我国综合性能最先进的科考船。"科学"号科考船的加入，为 NPOCE 计划实施提供了海上航行和作业保障。

2013 年，中国科学院战略性先导科技专项"热带西太平洋海洋系统物质能量交换及其影响"立项时，胡敦欣就和团队规划了在西太平洋布设由 3 个潜标阵列和 1 套全水深潜标构成的热带西太平洋科学观测网，开始实施系统化建设和解决潜标数据实时传输问题。

2014 年 8—10 月，胡敦欣团队搭载我国新一代海洋科学综合科考船"科学"号，成功地在热带西北太平洋对 3 个潜标阵列和 1 套全水深潜标进行了布放。为达到理想的观测效果，潜标的布放非常精细：在每个潜标站点，科研人员首先使用船载多波束测深仪对潜标布放地点周围的地形进行扫描测量，然后根据水深分布图，选择和设计水深相近且变化较小的区域为靶区，再选取其中一点为靶心；在潜标布放时，船舶选择逆流方向行进，在船尾匀速布放缆绳和设备，缆绳和设备入水后会顺流漂向船舶的下游。根据当地流速大小和布放潜标预估的时长等，科研人员合理选择布放起始点和靶心之间的距离，一般要保证在船舶到达靶心附近时，仪器设备布放完毕；在仪器设备布放完毕后，将潜标最底端的重力锚布放入水，重力锚入水后利用自身较大的净重将前面布放的仪器设备拉入水中。在潜标布放完成后，科研人员需要在重力锚入水点附近1~3千米范围内选择三四个点对潜标进行定位，确定重力锚在海底最终锚碇点的经纬度，以便第二年回收打捞。

2015年8—11月，胡敦欣团队再次搭乘"科学"号考察船，对在大洋中布放了1年左右的潜标进行回收、数据读取、维护和再布放。科研人员经过近80天的艰苦努力，成功回收了2014年布放的15套深海潜标和402件观测设备，获取了长达1年的观测数据。在对潜标站位进行优化调整后，新布放了13套深海潜标和393件观测设备。该航次创造了单一航次布放、回收深海潜标和观测设备数量最多的世界纪录，也标志着我国热带西太平洋科学观测网初步构建完成。

此次15套深海潜标的成功回收，意味着科研人员获得了热带西太平洋代表性海域连续一年内的温度、盐度和洋流等数据，这是世界上首次在这一地区获取高质量、高时空分辨率的连续观测数据，为探索研究热带西太平洋环流的三维结构、暖池变异及其对中国气候变化的影响提供了极为宝贵的数据资料。另外，15套深海潜标及数据的成功回收标志着我国已自主建立起热带西太平洋科学研究的观测网络，奠定了我国在这个海域观测研究的核心地位，为我国大洋观测网建设和运行积累了宝贵经验，同时也填补了国际上对这个海域中深层环流大规模同步观测的空白。

胡敦欣团队在西太平洋布放并成功回收深海潜标，在国际海洋界和科学界也产生了很大影响。2013年，*Nature*杂志邀请胡敦欣撰写相关海洋研究综述。2014年，*Nature*杂志刊发文章，将中国即将在热带西太平洋建立的大洋潜标观测网称为"第二次郑和下西洋"，引起了世界海洋和科学界的广泛关注。2015年6月18日，*Nature*在封面刊发胡敦欣领衔17位国内外海洋学家与气候学家，历时1年多撰写而成《西太平洋海洋环流与气候效应》综述文章。这是国际上太平洋环流与气候领域第一篇*Nature*综述文章，也是我国海洋领域第一篇*Nature*综述文章，它系统总结了有关太平洋西边界流与气候相互关系研究方面获得的一系列重要科学成果，指出太平洋西边界流在全球海洋环流系统和气候系统中具有重要作用；归纳了在西太平洋的重要科学发现，研究了西边界流的强弱变化对气候变化的重要影响。该文章的发表进一步提升了我国在西太平洋海洋环流与气候研究方面的国际学术引领地位。

2015年10月26—28日，胡敦欣在韩国釜山召集第二届NPOCE国际开放科学研讨会。此次会议由NPOCE和SPICE国际合作计划共同主办，韩国海洋科学技术院承办。这是西太平洋两大海洋科学组织首次共同主办的科学研讨会，既扩大了参与和研究范围，也扩大了影响，起到了互学共鉴、共同推动海洋环流与气候科学研究的作用，来自中国、美国、日本、韩国、德国、澳大利亚等国的知名学者100余人参加了会议。

西太平洋观测网建设的下一个目标是实现深海数据实时传输。深海数据实时传输的意义不言而喻：一方面，在数字化和信息化高速发展的今天，人们已习惯并享受数据的实时性和准确性带来的便利；另一方面，只有实现了深海数据实时传输，才能对我国的海洋环境和气候实时预报发挥有效作用。为此，中科院海洋所和中科院声学研究所联合开展了技术攻关，并最终解决了这一难题。2016年底，中科院海洋所西太平洋综合考察航次第一套实时传输潜标成功布放，实现了1000米深度温度、盐度和洋流等数据每小时1次实时传输，改变了传统潜标观测每年只能采集一次深海数据的问题。

解决了数据传输难题，西太平洋数千米水深处洋流从"定期回放"变成了"现场直播"，这是一个革命性的进步。时任国家海洋环境预报中心科研处处长的仇天宇说："海洋环境预报的基础是实时数据，没有数据基本不敢报。长期以来，水面以下实时数据均是空白。因此，只能靠海表面数据反推水下数据，或根据历史数据预报，很不准确。而水下环境预报又有很多用途，沉船打捞、水下矿产资源勘探开发和潜水器下潜等水下作业均需要精确的预报信息。"

图7-8 2017年西太考察航次启航前，胡敦欣和科考队员交流

深海数据的实时传输突破了传统的海洋环境预报瓶颈。

2017年，西太平洋潜标观测网数据传输大规模实时化、全覆盖取得重大进展，实现了从单套到组网、从水下1000米到3000米的深海数据实时化传输的功能拓展，成功建成我国首个深海实时科学观测网。西太平洋深海3000米水深温度、盐度和洋流等数据实现每小时1次的实时传输，为我国科学家研究西太平洋环流的三维结构、暖池变异及其对中国气候变化的影响提供了宝贵资料，为我国气候预报和环境保障业务提供了重要的基础支撑。

潜标观测网观测范围从西北太平洋扩展至西太平洋也取得了进展。2017年首次实施了东印度洋中国、印度尼西亚联合多学科综合调查，共回收10套潜标，新布放11套潜标，开辟了中国、美国、印度尼西亚三方国际合作的先河。

中科院海洋所所长、研究员王凡介绍说：

西太平洋是我国从近海挺进大洋首先要面对的一个区域，因为它紧邻我们国家近海，对厄尔尼诺等海洋灾害的预报、对季风的预报都是非常关键的一个领域。在这个海域实现了潜标数据实时化传输以后，首先可以直接服务于气候的预报、台风灾害性天气的预报。由于这里的海况非常复杂，因此，在这里能实现的预报在其他海域也能够实现。这套系统的推广使用，不仅对我们国家改进海洋和气候预报有用，也将为"21世纪海上丝绸之路"沿岸国家提供了很好的服务。

第七章 引领西太 走向国际

2017年6月8日，NPOCE科学指导委员会在青岛举行年会。会议根据提名确认了新的科学指导委员会委员，胡敦欣继续当选为NPOCE科学指导委员会主席。会议对胡敦欣近几年的工作和取得的成绩表示极大的认可，在他的努力下，参与NPOCE计划的国家从发起之初的8个增加至17个，参加NPOCE计划的机构也大幅度增加。NPOCE重点关注的科学主题也从4个增至5个，已涵盖了西北太平洋在物理海洋和气候方面的前沿和热点科学问题。另外，NPOCE启动7年来，中科院海洋所已成功布放2套深海测流潜标，获得了连续4年的海流实测数据，取得了突破性进展。

2018年5月8日，第三届NPOCE国际开放科学研讨会在青岛召开。与会代表在总结当前进展的基础上，讨论了未来10年NPOCE国际合作计划的发展方向，并强调需要进一步深化各成员国及成员单位之间的合作，尤其是在海上联合调查及数据共享方面加强沟通与协作，计划以印度洋－太平洋交汇区多圈层相互作用为核心，针对深海多尺度动力过程、海气相互作用、板块构造与西太平洋暖池形成、交汇区生物多样性等几个主题，通过开展多国协作、多学科交叉的综合性强化观测和研究，再一次掀起海洋观测研究领域国际合作的热潮，在印太交汇区多圈层相互作用领域取得若干原创性重大突破。

数据传输方式也取得了重大突破。2018年，NPOCE计划首次实现了由中国"北斗"卫星实时传输观测网数据，改变了以往依赖国外通信卫星的历史，提高了深海数据实时传输的安全性、自主性和可靠性。2019年，进一步实现了"北斗"卫星的双向通信，数据不仅可以实时回传至岸基办公室，工作人员也可以在位于青岛的中科院海洋所办公室远程控制深海中的设备。

以此为基础，中科院海洋所海洋环流与波动重点实验室的科研人员将多项研究成果发表在世界顶级刊物上，相关研究成果获得山东省自然科学奖一、二等奖和海洋工程科学技术奖一等奖，入选"改革开放40周年中国科学院40项成果展"等。

经过11年的建设，截至2019年，胡敦欣院士团队已完成了西太平洋深海潜标科学观测网的建设，共布放潜标30余套，具备了潜标数据实时

图 7-9　2016 年 3 月 15 日，中国科学院海洋环流与波动重点实验室成立（前排左 8 为胡敦欣）

传输的能力。这在世界海洋科学考察史上具有重要意义，加速了我国海洋环境和气候预报能力的提高，也标志着我国西太平洋海洋环流与气候研究实现了由"跟跑"到"领跑"的历史性转变。由中国科学家发起、以中国重大科技项目为主导的西太平洋海洋环流与气候调查研究热潮已经形成。

第八章
传道授业　情系海洋

2012年，党的十八大报告中提出了"建设海洋强国"的战略目标。虽然此时胡敦欣已76岁高龄，但党和国家对海洋工作的重视和建设海洋强国的期望依然让他兴奋不已。建设海洋强国的关键在人才，他说："我希望自己能像恩师毛汉礼先生一样，通过严格要求，培养出更多的海洋科学尖端人才。"

人才成长的牛顿第二定律

作为中国物理海洋界的知名院士和博士生导师，胡敦欣为国家培养了许多高水平海洋研究人才。在人才培养过程中，他赓续导师毛汉礼严谨的治学态度和对学生的严格要求。胡敦欣说：

毛汉礼先生对研究生要求非常严格。没有毛先生当年严谨的学风，就没有我的今天。我要把这些优良传统传给下一代。我把他们看作自己的孩子，对他们的成长负责。看他们有时松懈，我心里着急啊！碰上坎儿，你得想办法跨越，不然，一个接一个坎儿地积累下去，就得败下阵来。在科学的道路上，从来就没有坦途。

胡敦欣认为，人才的成长符合牛顿第二定律 $F=ma$。在他看来，人需要在外力（F）的推动下才能克服惰性，进入一种惯性状态——自觉行动。这样，人才培养就算成功了。这个"外力"包括社会、家庭教育、考试、上进心等，最重要的是"要做最优秀的人"的内心召唤和不懈勤奋的意愿。

说起导师的严格要求，庞重光有非常深的体会：

> 1999 年我从中国海洋大学博士毕业后，跟胡老师做博士后研究。他非常严谨认真，刚开始一个月的时间，我的主要精力就是修改一张中国近海的底质分布图。因为要集成很多人在不同位置的研究结果，当时的绘图技术还没有现在这么先进，只能用手绘。
>
> 我觉得差不多了就给胡老师看，他总是说"这儿还是有点差别"或者"位置上还是不太对"。当修改到第四五遍的时候，我是有点情绪的，觉得没必要这么认真。但情绪归情绪，工作还得按照他的吩咐做。随后我也静下心来画这张图，一个多月后，他终于满意了。后来，这张图在胡老师发现并从动力学上解释"上升流与大陆架软泥沉积有密切关系"的科学规律中起到了很大的作用。
>
> 那一个多月的画图训练，使我今后的工作态度有了一个很大的提高，我也因此知道了胡老师原来这么认真。后来，我在交给他任何东西之前，都会自己先认真地检查一遍。[①]

凭借认真细致的工作态度，庞重光在海洋物质通量与循环、陆海相互作用、海洋环流等研究工作中均取得了骄人业绩。

王凡是胡敦欣学生中的佼佼者。他于 1985—1995 年就读于中国海洋

---

① 庞重光访谈，青岛，2014 年 7 月 25 日。资料存于采集工程数据库。

大学物理海洋专业，获理学博士学位后，1995年跟随胡敦欣做博士后研究。说起胡敦欣的学风，王凡回忆道：

> 我对胡老师的印象如果用一句话来讲，就是他是个非常严谨、很执着的人。他不光对自己要求很严，对学生要求也很严。他说："你们做得好的事情，我看在眼里、记在心里，但我不一定会去表扬你；但是你们如果做得不好，我一定会说出来。如果错误很严重，我一定会批评，甚至严厉地批评。"当时我就告诫自己一定要认真努力，尽量少被胡老师批评。[①]

后来，王凡在胡敦欣领衔的"东海海洋通量关键过程研究"等项目中作出了重大贡献。从2006年起，他参加西太平洋调查方案设计，并亲自在西太平洋组织实施大规模调查，取得了空前的高分辨率观测资料。同时，他协助胡敦欣有针对性地开展国际学术交流活动。

2009年2月，以胡敦欣为负责人的国家自然科学基金重大项目"太平洋低纬度西边界环流系统与暖池低频变异研究"启动，该项目是我国第一个物理海洋学领域重大基金项目，也是第一个有关大洋研究的重大基金项目。2010年，胡敦欣领衔的NPOCE国际合作项目启动。在这两个项目中，王凡亲力亲为、细致周到、精心准备，为NPOCE国际合作项目启动大会的成功召开作出了突出贡献。

胡敦欣的硕士研究生袁东亮是1988年北京大学力学系毕业的高才生，跟随他攻读物理海洋学方向。在袁东亮看来，胡老师严谨的治学态度和严格的要求是他成长必不可少的因素。

> 胡老师做事情非常仔细，因为有他的督促，我们做事情也都非常认真。假如没有胡老师这样的严格要求，我很可能一事无成。[②]

[①] 王凡访谈，青岛，2014年7月25日。资料存于采集工程数据库。
[②] 袁东亮访谈，青岛，2014年7月25日。资料存于采集工程数据库。

硕士研究生毕业时，因为国内西太平洋环流领域没有合适的研究项目，袁东亮便在胡敦欣的推荐下去美国攻读博士学位，博士毕业后在美国又工作了 15 年。其间，他一直与胡敦欣保持着密切联系，在海洋研究方面也取得了很好的业绩，成为物理海洋领域不可多得的研究型人才。

受导师胡敦欣的影响，袁东亮也一直想着为国家做事。2006 年，在 NPOCE 国际合作计划最需要高层次科研人才之时，袁东亮放弃了在美国的事业，作为"百人计划"的一员回到祖国，在 NPOCE 计划的策划、实施过程中发挥了非常重要的作用。

面对当前创新型人才的培养目标，胡敦欣明确指出：

培养创新型人才，关键要注重质量，不能偏重追求数量——对人才培养的总体要求是这样，对他们的研究成果的要求也应该是这样。如果以分数作为衡量标准的话，能达到 80 分的人很多，但这最多称

图 8-1　胡敦欣与学生讨论研究（讲解者为胡敦欣）

得上是较好的人才。我们要求的优秀人才应该是 98 分以上的，这样的人才不管放到哪里都是顶梁柱，这样的人才才是真正的精英。像中国科学院海洋研究所原所长童第周和曾呈奎老先生，就是优秀的创新型人才、顶梁柱。一个时期，有这么几个人就可以带动大家开展创新性的工作，就能培养出更多的人才。[①]

而这样的人才观还使得胡敦欣和学生胡石建之间碰出一段多年来令人津津乐道的故事。东北师范大学物理专业毕业的胡石建，曾经梦想"从事

---

① 廖洋：耕海踏浪，谱蔚蓝华章。2021 年，未刊稿。存于中国科学院海洋研究所。

电子行业""做科技类企业"职业，因为意外的相遇获得了胡敦欣的青睐，并成为他的学生中成长最快的一位。胡石建对此很有体会：

> 胡老师带的学生不是特别多，他希望学生都是精心培养的，所以不会轻易招学生。我不出海的时候，基本每周都会向他汇报，他每周都开组会（讨论研究工作）。我在研究生期间总共做了150多次组会报告。①

如今，胡石建已经是中科院海洋所海洋环流与波动重点实验室副主任和多个西太平洋科考航次的首席科学家。2020年2月5日，世界知名期刊 *Science Advances* 在线发表了中科院海洋所在全球海洋环流与气候变化方面的最新研究成果，该成果首次揭示了全球平均海洋环流在过去20多年以来的加速现象，阐明了海洋环流加速的能量来源、物理机制以及人类温室气体排放在其中的重要作用。胡石建为论文第一作者兼共同通讯作者，王凡为论文共同通讯作者。

2017年6月12日，山东卫视《天下父母》之《中华家风》节目组采访胡敦欣，他谈到了用人才创新思维招收胡石建的过程：

> 2008年，中科院海洋所组织研究生考试，胡石建当时是最后一名。面试时我问他："你原来是学物理的，为什么来搞海洋？"他说："海洋里有很多物理现象是人类还不知道的，我想用我原来学的物理来解释、研究这些东西。"当时我就想，这个跟我对上路子了！我就跟王凡讲："我赌一把，我就要这个'最后一名'。"

这成为胡石建的人生转折点。

多年后，胡敦欣依然记得20世纪60年代自己在莱阳路25号二楼研究生办公楼学习的情景。"毛汉礼先生对研究生要求极为严格。他强调做科

---

① 胡石建访谈，青岛，2022年8月30日。资料存于采集工程数据库。

图 8-2　2019 年 10 月 20 日，学生们为胡敦欣庆祝生日（前排左起：庞重光、杜湄山、胡敦欣妻子徐贤义、胡敦欣、冯俊乔、马一心；后排左起：王富军、胡石建、王庆业）

学就像小和尚打坐念经一样，首先要坐得住。"在后来的学习、科研生涯中，胡敦欣将沉心坐下来学习、做科研比喻为科学上的"意守丹田"。胡敦欣经常对学生们说："坐到椅子上就一定要静下心来，耐得住寂寞，全神贯注地工作。你做一个问题时间长了，总有不想工作的时候，这时一定要耐得下心，水到渠成，一定会有成果。"

学生冯俊乔还记着胡敦欣指导她做科研的一段故事：

> 有一次一个基金项目要作进展报告，胡老师由于长期劳累过度住院了，他半夜还把我叫过去，让我搜集信息和相关材料进行总结。他带病工作，一直指导我到了晚上 11 点多。[①]

胡敦欣也像当年毛汉礼一样，要求学生们每周最多有半天时间解决个

---

① 冯俊乔访谈，青岛，2014 年 7 月 25 日。资料存于采集工程数据库。

人问题，其余时间都要用在科研上。王凡走上领导岗位后，曾半开玩笑地对胡敦欣解释："现在年轻人所面临的社会环境和你那个时代不同了，社会在发展，文化生活也很丰富，不能简单要求年轻人像以前那样。"胡敦欣听后呵呵一笑，他怎么会不知道学生们的心思呢？不过，当学生在生活中遇到问题时，胡敦欣都会积极关心和提供帮助，用学生们的话说就是"他比当事人还着急"。

在中科院海洋所，谈起胡敦欣，有人说："老胡这人有点怪，鼓励学生反对他。"谈起这种说法，胡敦欣总是解释：

> 我认为，科学要实事求是，不要盲目地服从。我不希望我的学生因为我是老师，就认为我说的全是对的，在学术上不敢反对我。只有创新才有进步，不要形成"马铃薯退化"现象，一代不如一代。每一代马铃薯都要进行改造，这样培养出来的马铃薯才会个儿大。我鼓励学生反对我，是希望培养他们敢于质疑、敢于创新的精神。

图8-3 2006年3月14日，胡敦欣参加第十届全国人大代表大会第四次会议

在2006年的全国人大会议上，胡敦欣提交了《着力培养创新型人才，努力建设创新型国家》的议案。他认为：

> 自然科学领域的创新主要包括三个方面：一是重大发现，二是重大理论推进，三是重大方法创新。在科学技术领域，就是要有自己的核心技术，不能老是买人家的。除此之外，还有一种创新就是先学习别人，然后集大成，把学到的东西集成起来。

胡敦欣注重对学生的创新能力的培

养，也体现在指导学生的论文写作上。在文章写作的过程中，从选题是否有创新点到实验的描述和结论的科学性，胡敦欣的检查都是细之又细，哪怕标点符号、英语语法都必须标准。多年后，胡石建回忆道：

> 事实证明，这种修改是非常必要的。因为如果是仓促写出来的论文，会出现很多问题，甚至误导大众。作为科学家，他这样的要求是非常有必要的。①

论文是科研成果和科研能力的集中体现，在指导学生的论文写作时，胡敦欣非常重视综述的写作。他认为："培养博士就是让学生从大量文献里提炼出想要研究的一个问题，这个问题一定是别人没有做到的，这个时候综述就显得尤为重要。"

图 8-4　胡敦欣与他的第一个研究生李永祥

从探讨研究的问题的意义，到分析以往研究者的做法和不足，再过渡到本篇论文的主要内容，他一点点带着学生们入门。

在科学研究里，语言也是重要的一环。有一次，胡石建写完一篇描述论文后得意地拿给胡敦欣，本来期望得到一番表扬，胡敦欣却说："你这个英文要好好琢磨啊，英文写得不行。"他给胡石建提了两个要求，第一是尽快买一本语法书好好学习，还要定期检查学习情况；第二是要多读参考文献，把参考文献里好的描述、科学的研究方法摘抄下来学习。胡石建对论文前后打磨了多次，几个月后才完成修改。

胡敦欣曾经努力学习了多国语言，这为他走向国际舞台提供了重要支持，他也这样要求自己的学生。每当学生要出国访学前，胡敦欣就传授一

---

① 胡石建访谈，青岛，2014 年 7 月 25 日。资料存于采集工程数据库。

些学习英语的心得。庞重光出国前，胡敦欣建议她每天听 VOA（美国之音），还把《英语口语 900 句》拿给她学习。

在胡敦欣心中还有个坚实的信念："中国人并不比外国人笨，作为一名中国科学家，一定要为祖国争光。不仅要在自己的研究领域有所建树，更重要的是建立研究团队，与发达国家比高低。"

"建立一支研究团队"可不是说说而已。研究团队在西太平洋海洋研究工作中是非常重要的：一是研究工作本身的需要，西太平洋环流研究包含工作内容很多，如出海调查、数据处理、结果分析、国内外研究跟踪、成果总结等。仅其中的"出海调查"一项，不仅涉及人员多（一般都是好几十人）、出海时间长（一般都在一两个月或以上），而且需要出海人员之间的密切配合。二是海洋环流研究本身的复杂性决定的。环流研究涉及面广、要素多，大到天文地理，小至海水温度、盐度、密度、海面风、海浪、海流等，这么多的知识不是一两个人能掌握的，而研究团队则可以在其中起到重要作用。一个高水平的团队能够凝聚多方人才，从而获得更广阔的研究视野和更丰富的理论知识；团队成员之间可以相互交流，从而获得更多的实践经验和研究成果。有了优秀的团队，就可以大大推进整体研究进程，提高课题研究的效率和质量。

胡敦欣自 20 世纪 80 年代牵头开展"热带西太平洋海气相互作用与年际气候变化"研究，就前瞻性地开始建设"热带西太平洋边界流研究集体"。最初成员包括赵保仁、丁宗信、熊庆成、崔茂常、邢成军、孙寿昌、于彦玲和李永祥等，他们都是胡敦欣在中科院海洋所的同事。在胡敦欣的带领下，这一研究集体耕海踏浪、砥砺前行，历时 30 多年取得了一系列突破性的原创成果：发现了棉兰老潜流、吕宋潜流和北赤道潜流，构建了热带太平洋西边界流三维结构框架；揭示了西边界潜流的来源，阐明了西边界潜流在南北半球水交换中的重要作用；突破性地布放回收深海潜标并实现实时数据传输。这些成果均是对国际海洋气候领域的重要贡献，极大地促进了对海洋环流动力过程的认识和理解，产生了广泛的国际影响。该研究集体牵头发起的 NPOCE 国际合作计划，推进了西太海洋环流与气候研究，也标志着我国物理海洋学在该领域的引领地位。

2017 年，"热带西太平洋边界流研究集体"荣获中国科学院杰出科技成就奖，主要获奖人员有胡敦欣、王凡、袁东亮、张林林、胡石建、王庆业、王富军、汪嘉宁、李元龙、高山、冯俊乔、贾凡、刁新源、周慧、李峣、赵君、王铮 17 人。

图 8-5 中国科学院院长白春礼为"热带西太平洋边界流研究集体"颁发中国科学院杰出科技成就奖（领奖人是王凡）

到海上去，到最好的科研院所去

胡敦欣常对学生们讲："到海上去锻炼，才会理解数据背后的意义。"他早期参加了大量的海上调查，从中国近海一直到西太平洋。胡敦欣依然记得导师毛汉礼指导他们在海上测量水温的情形："测温后要两人读数，如果前后读数差大于 0.02℃，就必须重读。当年调查船小，晕船很厉害，有时一支水温表读下来就得呕吐几次……"。因为有亲身经历，胡敦欣对科学考察的理解更加深刻，他的这种精神也一直感染着学生们。

胡敦欣总是跟学生强调，做海洋学研究有"三驾马车"——观测、理论和数值模拟。"观测是首要的，做自然科学研究尤其是地球科学研究，首先要去做观测，因为只有看到这个现象，才能够对它进行深入的分析。"胡敦欣还要求学生"能文能武"："两条腿要同时走路，能武就是到前线去，到各种类型的海况当中去做观测、收集数据；能文就是做理论分析、数据分析，能写论文，总结出科研的成果。"

胡敦欣总是创造机会让学生们到海上去科考，去接触大海，了解海洋真正的样子,了解科研人员是如何观测的,这样才知道数据是怎么来的。因为在海洋学研究中,数据产生的方式并不相同,比如测盐度不一定是直接测量盐度,可能是先测电导率再反演成盐度,只有真正出海才能知道这个数据是怎么来的。另外,经历这样一个过程后,学生们才会深刻地体会到观测数据的来之不易。

袁东亮说,正是胡老师鼓励他出海,才让他完成从注重数学到探索海洋物理规律的转变。读研期间,因为对物理海洋领域没有太多的概念,他总是"难以从数学的脑子变成做海洋的脑子"。此时,导师胡敦欣看出了问题,对他说:"你做数学做得太多,就变成一个游戏了。你要做的是海洋,一定要注重物理过程。"这句话对袁东亮帮助很大,让他慢慢掌握了海洋研究的思路和方法。

出海科考带给王凡的成长是刻骨铭心的。说起出海,他最先想到的是坚持,这也是胡敦欣对大家的要求。

我们出海调查时海况有时候会很恶劣,在保证安全、调查执行规范和数据质量的前提下,要尽量坚持完成任务。胡老师当年每年都带队到热带西太平洋开展观测。发现著名的棉兰老潜流就是他连续数年每年一个航次在菲律宾海观测,缺了任何一次可能就没有这个科学发现。所以说,获得一个成果必须靠长年累月的坚持。[①]

有一次,王凡出海时忽然遇到一个强天气过程,天气骤然变化。当时有一个断面只剩一个测站,王凡想在天气变化之前把这个站做完,以保证整个测线断面的完整,团队最后坚持两个小时完成了既定任务,这时科考船——即将退役的"金星2"号开始剧烈摇摆,船体到处漏水,电路短路冒黑烟,情况非常危险。好在最终安全返航并且拿到一些非常难得的数据。"今后我们出海还会坚持原则,最大限度地用国家支持我们的经费把科学数据拿回来。"

---

① 王凡访谈,青岛,2014年7月25日。资料存于采集工程数据库。

早年由于经费不足，为了维持实验室和课题组的运转，胡敦欣承接了大量近海研究课题，但一直没有放弃研究西太平洋。他坚信，西太平洋不仅是影响我国气候的关键海域，更是我国走向深海大洋的出口，战略意义十分重要："一个海洋大国，是不能光在近海打转的。"

2010年5月，NPOCE国际合作计划启动大会召开后，第一个航次定于同年11月去西太平洋布放深海潜标，其中6100米深海潜标是当时我国在太平洋布放的最大深度潜标。王凡担任了航次首席科学家，最终带领团队成功克服海况恶劣、地形陡峭、船舶老化等一系列的难题，圆满完成了潜标布放等各项任务，让NPOCE国际合作计划取得开门红，开启了我国西太平洋潜标观测的新时代。

2013年胡石建博士毕业以后，留在中科院海洋所工作。胡敦欣有个前提条件："你留在这儿工作可以，但是必须要找机会去外面锻炼，增加阅历，增长见识。"在胡敦欣的帮助下，胡石建顺利申请到去斯克里普斯海洋研究所学习的机会，这是全球顶尖的，也是最古老的海洋研究机构之一，中科院海洋所的许多前辈都曾在这里学习，毛汉礼、曾呈奎就在这里拿到博士学位，也造就了该所和中科院海洋所之间的历史渊源。

出发前，胡敦欣给胡石建提出三个要求：一是要加强英语的学习，尤其是听力；二是在专业学习方面要跟上；三是期满以后必须回国。胡石建也严格按照导师的要求，在结束学业的第一时间就选择了回国。

在后来的工作中，胡石建逐渐发现当年胡敦欣坚持把自己送到这种高级别的研究机构里面的重要意义。回国后，胡石建像打通了任督二脉一样，对科学问题的认识更加轻车熟路，工作条理更加清晰，应对国际交往的难点也更加得力，面对一个研究问题的时候，能够抓住核心。"现在回头看，出国留学的重要性不亚于博士生培养。"

胡敦欣在培养学生的过程中非常强调国际合作和交流。他的研究生参加国内学术会议甚至是国际学术会议的机会非常多。2010年的NPOCE国际合作计划启动会，他的学生们也参与到准备工作中，并结识了很多国际物理海洋领域大名鼎鼎的专家。研究生期间可以到高级别的国际平台上作报告，这在许多外国科学家看来很是惊讶，对于同学们更是难得的锻炼机会，胡敦欣为学生们开拓了国际视野和思维。

胡敦欣培养学生有一个理念：科学是无止境的。他不怕学生超过老师，"青出于蓝胜于蓝"是他的骄傲。看到学生成长道路上遇到困惑时，尽管不是学术问题，他也会及时指出。他曾在闲谈时告诉过学生们，做科学研究不能以自我为中心："作为一个科学家，个性太强的话很难跟其他人合作。就算你的业务能力比较强，但是如果不跟别人合作，尤其是海洋学，那你就会一事无成，自己一个人能做出的事情是很有限的。"

百分之三十要归功于老伴

"他对工作投入的精力远远比他投入自己家庭的精力多。"学生王凡这样评价胡敦欣。胡敦欣晚上加班是非常普遍的，除了他自己的课题，如果有学生遇到困难想请他提意见，他会毫不犹豫地抄起电话告诉妻子："晚上不回家吃饭了，我要讨论问题。"

在中科院海洋所，胡敦欣被大家尊称为"常委"之一。什么样的人才能称得上"常委"呢？就是除了正常工作时间外，晚上要到所里来工作、周末要到所里来、节假日也要来。

因此，妻子徐贤义几十年来就承担起了照顾家庭的重担。刚结婚时，两个人每个月的收入加起来只有 75 元，还要担负赡养老人的责任，常常是入不敷出，全靠徐贤义的精打细算才勉强维持。许多时候只要晚上吃完饭，胡敦欣就骑自行车回海洋所继续工作，深

图 8-6　1962 年，徐贤义为胡敦欣缝补衣服

夜才回家。那时每周还是单休，到了星期天，胡敦欣吃过早餐就又去所里加班。买菜、做饭、辅导孩子学习，全交给了徐贤义。胡敦欣的两个孩子差一岁多，到了要上托儿所的年纪，徐贤义同时抱两个孩子很吃力。正巧她的

图 8-7　胡敦欣和徐贤义在家中合影

外甥擅长木工活，就做了一个木制的小推车，每天徐贤义把孩子推到托儿所，晚上再推回来。这个小车还有一个用处就是买蜂窝煤，一车能装 60 块，徐贤义就自己用车往家推。徐贤义说："他从来不管，我也觉得这些家务太耽误他的时间。"

每次家长会，都是徐贤义去参加。她常跟孩子们说："第一，要有一颗善良的心，要善待别人，绝对不要欺负别人。第二，要好好学习，现在不努力，将来要后悔的。"

每当徐贤义要出差，最不情愿的就是孩子们。有一次徐贤义要出差几天，两个女儿就跟她说："妈妈，你出差和爸爸出差完全不一样。你一出差，爸爸就让我们放学后去三聚城市场的小菜店买菜，周末也不带我们去公园玩。爸爸出差倒没关系，反正他经常出海不常在家。"

有一次，徐贤义发高烧，嘱咐胡敦欣中午早点回来给孩子们做午饭。胡敦欣满口应承下来。然而，到了中午，胡敦欣的身影却迟迟未见。徐贤义心里焦急万分，无奈之下，尽管身体虚弱还是艰难起身为孩子们做好了饭菜。待胡敦欣匆匆赶回，徐贤义略带责备地说："早晨特意嘱咐你早点回来给孩子做饭，你怎么就给忘了呢？"胡敦欣解释道："哎呀，我刚才看书看得入了迷，一看时间都快 1 点了，赶紧骑上自行车往家里赶。"

随着与国外的学术交流越来越多，胡敦欣逐渐结识了许多国际同行。

第八章　传道授业　情系海洋

国外专家到青岛开会，胡敦欣都邀请他们到家里做客。家里来外宾的时候，十来个人把过道和两个房间都坐得满满当当的。房子有两个阳台，徐贤义把北阳台改造成厨房，原来的厨房则改成一个小餐厅；又重新布置了小卧室，一张三屉桌和写字台拼在一起，铺上一块餐布，就变成了一张大餐桌。

徐贤义说："他能够在事业上持之以恒，我非常支持。"胡敦欣获评院士后曾说："我有今天的成绩，至少30%要归功于老伴。"对于胡敦欣取得的成绩，徐贤义也为他感到高兴："我觉得他这一辈子的努力也没有白费。"

海洋科普乐趣多

进入古稀之年，胡敦欣越发思念家乡即墨，思念读私塾、官庄完小和即墨中学的时光。私塾和官庄完小已不复存在，只有即墨中学依然保留了当年的热闹和风光。

胡敦欣对即墨中学有着特别的感情，他觉得应该为家乡做点什么。于是，在每年校庆日或者新生入学时，胡敦欣都会抽出时间回即墨中学给同学们作报告，与大家分享他在即墨中学学习的时光，讲述我国海洋科技事业的进步和取得的成就，汇报自己学成回国和为国家海洋科技进步不懈奋斗的经历。作为即墨中学走出的第一位院士，他的报告受到了同学们的热烈欢迎。

图8-8 2010年1月，厦门大学副校长邬大光为胡敦欣颁发学术委员会主任聘书

胡敦欣知道，一个国家要成为海洋强国，首先必须提高国民的海洋意识。对一个中学来说，提高学生的海洋意识，几次报告可能就会产生不错的效果，但对一个国家、一个社会而言，那就需要经常性地开展海洋科普宣传。这是一件大事情，也是提高大众海洋意识的有效途径。

2008 年，胡石建考取他的研究生后，胡敦欣的海洋科普工作终于有了得力的助手。胡石建很快就摸索出一套科普活动组织的方式方法，并与科普工作地方管理部门和对口中小学校等都建立了联系网络。2008 年后，胡敦欣的海洋科普活动开始变得有声有色、内容丰富，特别是在每年的世界海洋日[①]，他和胡石建总会组织一些不同形式的海洋科普活动。

2014 年 5 月"全国科技活动周"期间，中国科学院在沈阳的科研机构共同举办了主题为"科技创新，助力圆梦"的第十届公众科学日活动。胡敦欣在公众科学日启动仪式上向同学们作了题为《海洋与气候》的科普报告后，又进行了现场互动。同学们在报告和互动交流中零距离感受了胡敦欣的魅力，学到了知识，增强了对科学的兴趣。

2014 年 7 月 12—18 日，中国科学院海洋研究所和中国海洋大学共同承办了为期 7 天的中国科协青少年高校科学营"海洋科学专题营"活动。胡敦欣出席了开营仪式并作海洋科普报告，全程参加了科普活动。活动取得了很好的科普效果，同学们说："以前以为研究海洋就是海洋生物、海水养殖等，没想到还可以运用数学和物理知识模拟海浪、环流，真是太神奇了！""科学营让我领略到科学的魅力，我的科学梦由此起航。"

2017 年世界海洋日，青岛海洋科学与技术国家实验室联合青岛市教育局、青岛市科学技术协会、青岛出版集团、青岛市市南区教育局围绕"扬波大海、走向深蓝"这一主题，开展了形式多样的科普活动，并邀请胡敦欣为中学生以"浩瀚的海洋"为主题作报告。活动全程开通了视频直播，方便公众在线观看。

---

① 2008 年 12 月 5 日，联合国大会将每年的 6 月 8 日设为世界海洋日。

胡敦欣以生动的故事为学生们上了一堂别开生面的科普课，图文并茂的讲授与热烈的交流互动，使原本枯燥的科学术语变得趣味盎然。他深入浅出地讲解海洋的地理环境、海洋和人类的密切关系、海洋对气候的影响、海洋权益和国家安全保障，并介绍了深远海科考船探测平台及其在海洋科考中的重大发现。现场学生踊跃提问，观看直播的网友也积极互动，气氛十分活跃。讲座结束之际，胡敦欣勉励在座的中学生们参与到探索、研究、开发海洋之中，为实现我国海洋强国战略贡献自己的力量。

2018年8月，由青岛海洋科学与技术试点国家实验室、中国科协青少年科技中心、中科院科学传播局主办，中科院海洋所、中国海洋大学5家单位协办的"慧聚海洋·声动青春——我是海洋科学演说家"夏令营活动圆满收官。胡敦欣担任了这次活动的评委。

2008年是全国海洋综合调查50周年。作为亲历者，胡敦欣在接受采访时深情地说："1958—1960年的全国海洋综合调查使我学到了许多书本上学不到的东西，那些海洋现象深深地吸引了我，使我产生了浓厚的兴趣；应该说，全国海洋综合调查是我真正认识海洋的开始，也是我投身海洋学

图8-9　2018年8月1日，胡敦欣参加"慧聚海洋·声动青春——我是海洋科学演说家"夏令营活动闭幕式

研究的起点。"

2020年8月1日，胡敦欣在中国科学院海洋研究所建所70周年之际题诗《不负韶华，砥砺前行》，表达自己继续奋斗的决心：

> 忆往昔，七十载，
> 开创引领，硕果累累，
> 人才辈出；
> 看今朝，新征程，不负韶华，只争朝夕，砥砺前行；
> 望未来，新挑战，扬帆破浪，任重道远，继往开来。

图8-10 2021年6月30日，胡敦欣在中国海洋大学未来海洋学院演讲

胡敦欣说：

> 目前我们面临着一个重要机遇和巨大挑战。对我国物理海洋研究走出大洋来说，西太平洋仅仅是大洋考察研究的一个切入点，是第一步；要以此为基础，经过5至10年的努力，不断向中东太平洋、印度洋，直至向大西洋、南太平洋拓展，缩小与先进国家的差距，二三十年之后，能拓展至全球海洋。这对全球气候变化、环境预报、国家安全等方面都是迫切的需要。

胡敦欣打造的团队近年来通过协同技术攻关，顺利完成了西太平洋科学观测网深海潜标的大规模建设，成功建成我国首个深海实时科学观测网，西太平洋深海3000米数据的查看模式从"录像回放"转变为"现场直播"。同时，西太平洋主要海流的潜标观测也首次实现了全面覆盖，所获数据为西太平洋物质、能量输运研究提供了重要支撑，取得了一系列突破性的科学进展。西太平洋科学观测网实现了从科学规划、潜标设计、大洋作业、水下和卫星实时传输、数据智能分析、终端图形接收的全流程一

体化作业，其成功实施为保障国家海洋环境安全和实施"21世纪海上丝绸之路"倡议提供了重要基础支撑。

图8-11　2017年6月13日，时任山东省委书记刘家义为胡敦欣颁发山东省科学技术最高奖

胡敦欣获得过中国科学院科技成果奖一等奖、自然科学奖二等奖、"竺可桢野外工作奖"、杰出科技成就奖，国防科工委国防科学技术进步奖一等奖、二等奖，国家海洋局"终身奉献海洋"纪念奖章等。2016年，胡敦欣获得山东省科学技术最高奖。这是一个含金量极高的奖项，自2002年开始评选以来，每年仅一两人能获得此奖，胡敦欣是获得此奖的第23人，也是中科院海洋所获得此奖的第二人①。2016年5月22日，在济南市隆重召开了科学技术奖励大会，胡敦欣在发表获奖感言时说：

希望青年科学家潜心研究，各行各业都要创新，不能总是跟踪。跟踪只是初级阶段，是学习阶段。我们不能光学习，要出新的东西。与西方领先国家相比，我们的科技水平还有一定的差距，我们要沉下心来，避免浮躁，要潜心做研究，潜心考虑如何在所属领域引领世界。

如果说，我们每个人、每个单位、每个领域，都能有一个创新型成果出来，能够在所处领域达到世界领先水平。哪怕是一个点、一个方面，点多了、方面多了，这些点、面就可以结合起来，到那个时候，我们国家的科学技术水平就达到国际领先了。

---

① 2002年中国科学院海洋研究所曾呈奎院士获第一届山东省科学技术最高奖。

结　语
耕海探洋　为国争光

　　历时四年的胡敦欣院士学术成长资料采集工作终于接近尾声。追寻胡院士学术成长的心路历程，不仅让我们领略到一位科学前辈虚怀若谷的博大胸怀，也让我们经历了一次又一次的心灵冲击与净化。胡院士数十年锲而不舍的追求，终于让我国成为西太平洋海洋环流与气候研究的引领者。

　　"让中国的海洋研究在世界拥有发言权。"胡敦欣为此奋斗不息，始终站在国际前沿，不断开拓研究领域，推动我国海洋科学的发展。他是完整地经历了新中国海洋事业发展各阶段的杰出科学家代表。他与所有第一代共和国科学家勇于承担、耐住寂寞、献身科学、报效祖国的精神，对于激发科技工作者的创新热情和创造活力，宣传弘扬老科学家的科学思想、卓越贡献和高尚品质，具有重要意义。

少年壮气　一生海洋

　　1936年10月，胡敦欣出生在青岛即墨一个农民家庭。祖父胡显琛给他取名"胡敦鑫"，寄托着朴素美好的祝愿。童年时期，胡敦欣是在祖父身边度过的，老人喜爱戏剧，就把岳飞精忠报国、桃园三结义等故事讲给他听。在入读家族私塾后，车胤"囊萤夜读"、孙敬"头悬梁"、苏秦"锥刺股"等典故成为他在农村漫漫长夜里的睡前故事，而寒门学子通过读书可以做出一番事业的志向也种在了他心灵深处。1948年，石泉村成立了官庄完小，胡敦欣和同村同龄学生告别私塾，就读五年级。在这里，他遇到了江志清老师，"快乐+学习"的教学方式引领着少年的胡敦欣。在江老师的建议下，胡敦欣以"欣欣向荣"的"欣"作为自己的名字，从此改名为"胡敦欣"。1950年胡敦欣进入了全县最好的中学——私立信义中学学习。

在解放战争和抗美援朝战争的峥嵘岁月，胡敦欣度过了他的少年时代，和当时许多农家孩子一样，他逐渐对共产党和解放军产生好感。考入即墨中学后，他是班上的文体积极分子，曾利用假期组织排演过展现农民丰收后慰问解放军的歌舞剧《双送粮》，还报名学校运动会的短跑项目。也在这时，他遇到了教物理的班主任蔡孟倜老师，蔡老师的启发使得胡敦欣对物理学产生了浓厚的兴趣。胡敦欣课余时间经常阅读科普读物，他十分喜爱探索生活中司空见惯的物理现象。在功课方面，他的物理学得最出色，尤其是力学，蔡老师就建议他报考清华大学。

1956年，国家发出"向科学进军"的号召，胡敦欣也进入了高考前最后的冲刺阶段。山东大学海洋系（今中国海洋大学海洋与大气学院）的两名招生老师来到即墨中学，希望在该校挑选一些品学兼优的学生报考。彼时，山东大学海洋系属保密专业，与国防军事有密切关系。他们从高三年级150余人中挑选出成绩最好的20人，三年来一直是"三好学生"的胡敦欣被选中。胡敦欣问蔡老师："如果山东大学不接收我，我是不是还可以到清华大学去？"本着"国家的需要就是我的志愿"，他依依不舍地把"清华大学动力类"改为第二志愿。从那时起，胡敦欣决心要投身海洋事业。胡敦欣以优异的成绩进入了山东大学海洋系，来到与他的生长地仅有百里之隔的海滨之城青岛，第一次与大海相遇。

开课的第一天，海洋系主任赫崇本将大海的深沉、雄厚、神秘讲解演绎得生动有趣，激发了胡敦欣的好奇心。在胡敦欣心里，既然要成为大科学家，学习就是最重要的事，他很快就进入了状态。每天上完课，胡敦欣就到学校的大众礼堂自修室自学，一直到晚上11点多才回宿舍休息。很快，他的学习成绩就冲到年级前几名并一直保持，这使他申请到了每月12

元钱的助学基金，减轻了父母的经济负担。

但大海不久就对这群新生进行了一次考验。开学后不久，班级全体学生乘坐中国科学院海洋生物研究所（中科院海洋所前身）的小艇"海鸥"号到胶州湾实习，大家第一次感受到真实的海洋。同学们心潮澎湃、热血高涨，有人还哼起了歌。随着"海鸥"号到达胶州湾口，浪高流急拍得小艇急剧摇晃，海水也不时涌上甲板。此时，很多人开始晕船，谈笑歌声戛然而止。胡敦欣胃中也开始翻江倒海，一股股酸水涌上喉头。他紧紧抓住栏杆，想起了赫教授在课堂上说的话："克服了晕船你将获得自由，然后就可以前进！"

虽然第一次出海就晕船了，回到学校后，胡敦欣的心情却慢慢归于平静！海洋是一项事业，干事业哪有不遇到困难的？"当时我有个信念，就是一定得克服晕船，继续学海洋专业。"

1958—1960年，我国先后在渤海、黄海、东海和南海开展了新中国成立以来规模最大的全国海洋综合调查。在当时我国海洋科技力量还非常薄弱的情况下，山东大学、厦门大学等高校调集了有关专业尚未毕业的高年级学生约200人参加。调查之初，胡敦欣去了以沈家门渔港为基地的东海调查队，参加浙江沿海调查；年底从广东石榴港抵达以湛江为基地的南海调查队，任南海海流组副组长，加强南海调查力量。虽然他晕船呕吐，但仍坚持工作，每晚都工作到很晚才入睡。特别是在越南同志来调查队学习海洋考察方法期间，他认真教学，和他们建立了很好的关系。

1959年9月，胡敦欣被选派去天津塘沽向海洋组办公室汇报，并将成果向祖国十年国庆献礼。在塘沽汇报期间，他带病坚持工作，完成编写任务，并第一次见到了海洋组专家毛汉礼。胡敦欣说："1958—1960年的全国海洋综合调查使我学到了许多书本上学不到的东西，调查时看到的那些海洋现象深深地吸引了我，并对它们产生了浓厚的兴趣。应该说，全国海洋综合调查是我真正认识海洋的开始，也是我投身海洋学研究的起点。"全国海洋综合调查结束后，因为出色地完成了各项任务，胡敦欣获得了"五好队员"称号。

致知力行　锐意进取

1961年胡敦欣大学毕业前，家里人对他毕业后还要攻读研究生很不理解，都希望他赶快工作。但胡敦欣有自己的想法，经过海洋普查工作的检验，他认识到自己的水平与国家需要相比差得很远；研究生学习是必经之路，也是成为"国家急需海洋科学人才"的有效方法。

1961年胡敦欣考入中国科学院海洋研究所读研究生，师从毛汉礼教授。那年是毛汉礼首次招收研究生，他提倡"以老带新、互教互学、能者为师"，给了胡敦欣一个新的天地。5年的研究生学习对胡敦欣科研生涯非常关键，也是他一生中学习效率最高、效果最好的时期，培养了他很强的自学能力，练就了坐下来就能集中精力于业务的能力。这样的专心致志使胡敦欣专业知识突飞猛进，俄文、英文考试都是海洋所的前三名。

1966年正当胡敦欣准备研究生毕业时，"文化大革命"爆发了，导师毛汉礼成为青岛市最先被点名的"反动学术权威"之一而受到批斗。震惊之余，胡敦欣深感无力，但一个农村少年的质朴良知和使命感使他没有办法割舍自己的学习研究，他深知导师毛汉礼一定希望他坚持学下去，他也必须坚持下去。为此，白天他和大家一起在单位接受思想教育，下班后则在家中学习和钻研。为防止夜晚漏出光亮而被人发觉，他常年在夜间用厚厚的窗帘挡住家中唯一的窗户。

除了偷偷学习专业知识，胡敦欣还不忘导师毛汉礼的教导，坚持学习英语，即便在1968年下放至天津农场劳动期间也不放弃，他对妻子徐贤义说："我不相信知识没有用。"让胡敦欣高兴的是，虽然海洋研究所受运动波及，但一些研究工作依然在进行着。

1973年，海洋研究所物理室开展了数年浙江沿岸上升流研究，胡敦欣是课题负责人之一。他十分重视这项工作，带领课题组成员查资料、搞攻关，夏顶三伏、冬迎三九，多次开展实地考察和研究，不但发现了浙江沿岸上升流的非风生机制，拓展了沿岸上升流理论模式，而且计算出浙江沿岸上升流对东海渔业资源的贡献，对东海海洋渔业的生产实践具有指导意义。

大洋中尺度涡发现是20世纪70年代国际海洋学上的重大进展和突破。

胡敦欣紧盯国际海洋发展方向，致力于我国陆架环流和中尺度涡的观测和理论研究，取得了令人瞩目的学术成就。其代表性成果是70年代末通过考察和资料分析，率先发现我国大陆架中尺度涡"东海冷涡"，开创了我国陆架中尺度涡研究，将我国陆架环流研究由"气候式"研究阶段推进到"天气式"研究阶段。

1978年3月全国科学大会召开，"科学的春天"到来。4月26日—5月27日，胡敦欣作为新中国成立后第一个海洋科学代表团成员之一访问美国，许多前沿的科技成果和理论让他不仅开阔了视野，也有切身感受：中国的海洋事业落后太多了，必须努力赶上去！

殊勋茂绩　蜚声内外

在胡敦欣的身上，时刻燃烧着一种激情，那就是作为一名中国科学家，一定要为祖国争光！1979年，胡敦欣被派到美国麻省理工学院、伍兹霍尔海洋研究所和华盛顿大学做访问学者，他竭尽全力学语言、钻业务，受到他的导师、美国科学院院士Carl Wunsch教授高度赞誉，希望他能留在美国。然而，祖国的海洋事业一直萦绕在胡敦欣心间，尤其是有一次他参观一个博物馆，看到了许多展品都是被掠夺的中国古代文物，更激发了他强烈的爱国情感。1982年，学业有成的胡敦欣做出了人生的一个重大选择，他谢绝了美方的挽留，回到中科院海洋所。生于斯土，念兹在兹，科学没有国界，但科学家有祖国。

回国后工作强度有增无减，胡敦欣因劳累过度患了糖尿病，医生嘱咐他要好好休息调理。刚查出糖尿病不到两个月，中美南黄海合作调查就要开始了，这项合作是他在美国时谈成的，他不顾病情，坚持随考察队出海。病情很快加重了。

1984年，胡敦欣开始在几个国际海洋学术组织任职。他积极参与WOCE、JGOFS、LOICZ等多个国际海洋前沿研究计划的设计、制定和实施，并将有关研究引入中国，担任中国委员会委员，为促进我国海洋学发展提供了有力指导。

20世纪80年代以前，中国海洋科学调查研究基本局限于近海。在美国访学时，胡敦欣亲眼看见了国际海洋科学的迅猛发展，萌发了"走出中国近海、挺进西太平洋"的想法。当时，他就同美国科学家 Joseph Fletcher 和 David Halpern 筹划中美在西太平洋的合作调查研究。回国后，他和孙鸿烈、符淙斌等人一起向国家和中国科学院提出组织热带西太平洋环流与海气相互作用调查研究的建议，得到支持。80 年代中期，中美热带西太平洋海气相互作用联合调查研究和中国科学院 6 个研究所的合作研究项目热带西太平洋海气相互作用与年际气候变化相继启动。胡敦欣是项目发起人之一。

1986—1990 年，胡敦欣连续率队在西太平洋海域进行了 5 次大规模、多学科综合海洋考察，在位于菲律宾群岛南部棉兰老岛的海流之下，胡敦欣发现存在反向的流动，将其命名为"棉兰老潜流"。这是自 20 世纪 50 年代初发现赤道潜流以来，热带西太平洋环流的两项重大发现之一，也是当时世界上唯一一个由中国人发现、命名，并在国际上获得广泛承认的洋流。国内外许多海洋学家都在所绘的海洋环流图中清楚地标有棉兰老潜流。它的发现改变了有关太平洋西边界流动力学结构的传统认识，是西太平洋环流动力学研究的重大进展。

海洋通量研究是 20 世纪 80 年代提出、90 年代实施的国际海洋科学前沿研究中的一个重要领域。作为我国海洋通量研究的开拓者，胡敦欣通过主持两项国家重点基金和中日政府间东海物质通量合作研究项目，带领一批中国海洋学家在国际上率先开展大陆架海洋通量研究，通过大量调查和综合数据分析研究，得出"东海是大气二氧化碳的弱汇区"的科学结论，为回答"陆架海是大气二氧化碳的源还是汇"这一国际热点问题提供了重要依据。

深谋远虑　西太领航

多年以来，胡敦欣一直呼吁中国在全球变化研究方面提出有国际影响、具有国际引领作用的科学研究计划。这不但可以提高我国气候预报、防灾减灾能力，而且可显著提高我国在国际海洋与气候研究领域的地位。

厚积薄发，玉汝于成！

2000年，针对全球和中国气候变化研究的状况，胡敦欣提出了"大三角"研究概念，呼吁在西太平洋、印度洋和青藏高原组成的三角形海陆区域，开展海－陆－气相互作用研究。他认为，这一区域是一个变化多端的热源区，是一个复杂的海陆气耦合系统，控制着东亚季风，直接影响我国夏季的降水、旱涝。中国有必要，也有能力牵头，带动周边国家甚至欧美科技强国开展"大三角"区域相关研究。他的提议得到许多科学家响应。在众多科学家共同推动下，相关领域研究计划纷纷建立起来。

自2004年起，胡敦欣适时提出了NPOCE国际合作计划的构想，积极在国内外奔走，组织了一系列学术讨论。在他的努力下，2007年，NPOCE国际合作计划得到国内外许多研究机构和国际气候可预测性计划太平洋分会的认可，并得到3个国家重点基础研究发展计划项目支持。

2010年4月，胡敦欣领衔国内外22位顶尖科学家发起的NPOCE国际合作计划，正式获"气候和海洋：变率、变化及可预测性项目"（CLIVAR）国际科学组织批准，并于同年5月正式启动。这是中国在海洋领域发起的第一个大型国际合作研究计划，中国、美国、日本、澳大利亚、韩国、德国、菲律宾、印度尼西亚8个国家的19个研究机构参与该计划。NPOCE科学指导委员会由12人组成，胡敦欣担任主席。

NPOCE国际合作计划的开展，让我国西太平洋环流研究站到了世界的中心。但胡敦欣并没有功成身退。NPOCE国际合作计划启动当年11月，74岁的胡敦欣部署他的研究团队乘"科学一号"综合考察船，开展了NPOCE国际合作计划首航考察。经过50多天颠簸，于2011年1月在热带西太平洋预定海域，成功布放了一套6100米深海潜标，这是我国在西太平洋成功布放的第一套深海潜标。团队成员通过这套潜标获得的连续4年实测数据以及随后构建的西太平洋潜标观测网，直接观测到了20世纪80年代胡敦欣通过海洋调查数据计算出的棉兰老潜流、吕宋潜流和北赤道潜流，并发现了其季节变化等诸多新规律，开启了我国潜标观测研究的新时代。

2013年底，应*Nature*邀请，胡敦欣领衔17位国内外海洋学家和气候学家，经过18个月努力，于2015年在该杂志发表了《太平洋西边界流及其气候效应》（Pacific Western Boundary Currents and Their Roles in Climate）

权威评述文章。这是 *Nature* 首次发表有关太平洋环流与气候研究的评述性文章，进一步提升了我国在该领域的国际学术引领地位。

"从严治学、力戒浮躁"是胡敦欣的治学原则，也是他为每一位海洋人树立的光辉典范。他对科技创新有深刻的认识，2006年的全国人大会议上，他提交了《着力培养创新型人才，努力建设创新型国家》的议案，引起各大媒体和社会的关注。2017年，以他为主的中科院海洋所"热带太平洋西边界流研究集体"荣获中国科学院杰出科技成就奖。

令人敬佩的是，胡敦欣依然保持一颗年轻的心、一颗探索的心。他仍然在努力探索新的学术生长点。在2021年10月20日生日那天，他对采访的记者说："我今年85岁了，天天到办公室工作，和年轻人一起开展海洋研究。曾有人问，您要研究海洋科学到多大年纪？我说：forever！"他说得很认真，眼睛里闪着自信！

附录一　胡敦欣年表

1936年

10月20日，出生于山东省即墨县石坑村（现山东省青岛市即墨区石泉区）一个家境殷实的家庭，取名"胡敦鑫"。父亲胡涧本、母亲胡黄氏，均为农民。

1944年

进入胡氏私塾学习。

1948年

7月，进入即墨官庄完小接受新式教育。受算术老师江志清影响较大，并在江老师的建议下改名为"胡敦欣"。

1950年

5月19日，在官庄完小由纪淑美老师介绍，加入中国新民主主义青年团。

7月，小学毕业，入读即墨私立信义中学初中部。

1953年

进入即墨中学高中部学习，开始住校。班主任是物理老师蔡孟倜。担任支部组织委员，获得学校"全面发展"奖励和"三好学生"称号。

1956年

毕业前夕，因成绩优秀，被推荐报考山东大学海洋系。

9月，考入山东大学，被分在海洋系丙班，担任系学生会副主席。由于成绩优秀，申请到学校每月12元的助学金。

1958年

9月，参加全国海洋综合调查，被分到东海调查队，在舟山沈家门渔港附近参加外业工作。同月，山东大学主体迁往济南，海洋系等留在青岛。

11月，调到广州石榴岗参加南海普查。

1959年

1月，被分配到南海普查中心基地——湛江基地。

4月，调至陆上任水文专业副组长，同时负责两位越南同志的实习工作，后成为海流研究组组长。

8月中旬至10月初，作为南海普查点的代表，向国家科委海洋组海洋综合调查办公室汇报工作：在广东汕头靠近台湾海峡区域探测到逆风的海流；在广东清澜港外有非常强的上升流。该成果得到确认，并写入《全国海洋综合调查报告（第一册）》。

1960年

1月，因在全国海洋综合调查中表现优异，被海军湛江基地调查队评为"五好队员"。

1961年

8月，考取中国科学院海洋研究所研究生，师从物理海洋研究室主任毛汉礼。

1962年

在海洋研究所组织的俄语统考中取得第一名。

1963年

在海洋研究所组织的英语统考中取得第二名。

1966年

研究生毕业，被分配至海洋研究所物理海洋研究室工作。

10月，与徐贤义结婚。

1967年

大女儿胡颖出生。

年底，被下放到天津一农场参加劳动。

1968年

11月，二女儿胡津青出生。

1969年

6月，结束在天津农场的劳动，回到青岛。

1973年

牵头成立"浙江沿岸上升流研究小组"，提出浙江沿岸上升流的主要成因是黑潮北上余脉加地形作用。

1976年

参加"东海大陆架区海洋综合调查"项目，发现温度跃层变浅的异常现象。后经研究分析，初步发现东海冷涡迹象。

1978年

4月26日—5月27日，作为中国海洋科学代表团的一员访问美国，目睹了国际海洋科学的迅猛发展，感受到我国与发达国家海洋科学研究水平的巨大差距。

9月，接待美国代表团来青岛访问，结识美国国家科学院院士、麻省理工学院教授 Carl Wunsch，受其影响，决定前往美国做访问学者。

1979年

在《海洋科学》发表论文《七十年代海洋水文物理学的现场实验研究》（第一作者毛汉礼）。

在《海洋与湖沼》第10卷第2期发表《风生沿岸上升流及沿岸流的一个非稳态模式》，建立了有限深海、可变风区、非稳态的沿岸上升流理论模式。

承担中国科学院重点项目"东海陆架环流中两个重要分量的研究"，任课题负责人。证明了东海冷涡的长久存在，研究成果发表在1984年《海洋与湖沼》（英文版）上。至此，率先发现我国东海陆架存在中尺度涡，成为我国海洋学研究上的一个重要进展，开创了我国陆架中尺度涡的研究。这项成果获得了1985年中国科学院科技成果奖一等奖。

前往美国做访问学者，第一站是麻省理工学院。

1980年

在《科学通报》发表论文《东海北部一个气旋型涡旋的初步分析》。

1981年

结束在麻省理工学院的学习，前往伍兹霍尔海洋研究所，研究合作伙伴为 Robert Beardsley 教授。

同年，结束在伍兹霍尔海洋研究所的学习，前往华盛顿大学西雅图校区和 David Halpern 教授合作开展研究。

1982年

与美国学者共同研究发起中美热带西太平洋海气相互作用合作调查研究。

8月，谢绝美方邀请，回到中国。

回国后，和我国大气、海洋界的科学家一起向有关部委和中国科学院提出开展西太平洋环流与海气相互作用调查研究建议，并参与项目计划的设计、制定和实施。

承担"六五"中国科学院重点科研项目"黄东海陆架环流研究"（1982—1985）。

1983年

因劳累过度患糖尿病，带病参加中科院海洋所和美国伍兹霍尔海洋研究所联合开展的"南黄海环流与沉积动力学调查研究"（1983—1986）。

与符淙斌上书中科院，建议组织合作项目热带西太平洋海气相互作用与短期气候研究，后成为中科院6个研究所合作开展的"热带西太平洋海气相互作用与年际气候变化"（1986—1991）。

和毛汉礼（第一作者）等人在《中国海洋和湖沼学报》发表论文《中国东海中尺度涡旋的运动》。

招收第一个硕士研究生李永祥。

1984年

4月，任中科院海洋所物理海洋研究室副主任。

任 CCCO 太平洋分会委员（1984—1993）。

发表论文《关于浙江沿岸上升流的成因及动力结构的研究》，通过对比黄东海上升流区与软泥区的地理分布，发现两者的分布位置基本吻合，验证了1980年提出的"气旋涡中心存在上升流，可能导致圆形孤立软泥沉积的出现"的推论，发现并从动力学上解释了"陆架上有上升流的地方，海底沉积必有软泥"的科学现象。

1985年

5月，参加在巴黎召开的"赤道上层海洋垂直运动及其对生物资源和大气的影响"国际学术讨论会。

申请中国科学院院内科学基金资助课题"赤道太平洋环流与中国近海环流的关系及其在大尺度海—气相互作用中的作用"并获批，于1988年7月结项。1991年获中科院海洋所自然科学奖二等奖。

获得中国科学院"竺可桢野外工作奖"。

1986年

经夏威夷大学Klaus Wyrtki等三名美国著名教授向时任所长曾呈奎推荐，晋升为研究员。

6月，经时任青岛市民盟主任委员曾呈奎院士推荐，正式加入中国民主同盟，先后担任民盟海洋研究所支部主委、民盟青岛市委副主委。

承担"七五"中国科学院重大基础研究项目"热带西太平洋海气相互作用与年际气候变化"。9月22日，率"科学一号"考察船首次赴西太平洋开展科学考察，担任首席科学家。

在青岛组织召开中美"西太平洋环流及其对中国海环流的影响"学术讨论会，共宣读论文23篇。

和中科院海洋所所长曾呈奎、山东海洋学院院长文圣常、海洋三所所长张金标一起赴澳大利亚霍巴特参加海洋研究科学委员会年会。

1987年

8月，赴温哥华参加国际大地测量和地球物理联合会（IUGG）年大会。

9月，西太平洋调查第二航次时发生进口珍贵CTD仪器掉进海里事件，在把全部责任都揽到了自己身上后，率队坚持完成考察任务。

11月,在青岛主持召开联合国气候变化与海洋委员会太平洋专家委员会年会。

1988年

JGOFS科学指导委员会成立,任第一届科学指导委员会委员(1988—1990)。

在国际上率先开展陆架海洋通量研究。

1989年

1月19日,JGOFS中国委员会在青岛成立,任第一届委员会主任委员。

5月8日,任青岛海洋大学(现中国海洋大学)物理海洋与海洋气象系兼职教授。

5月20—30日,在新喀里多尼亚首府努美阿参加TOGA-COARE海气相互作用国际研讨会。

9月,招收中国海洋大学本科毕业生王凡为研究生。

在1989年国际西太平洋及TOGA-COARE学术研讨会上首次宣布了在太平洋西边界流棉兰老海流之下发现了潜流,并命名为"棉兰老潜流"。这是中国海洋科学研究从近海走进大洋的标志性成果,也是当时世界上唯一的一个由中国人发现、命名,并在国际上获得广泛承认的洋流。

发现菲律宾吕宋以东的源地黑潮和北赤道流之下均存在反向流动的次表层潜流,命名为"吕宋潜流"和"北赤道潜流"。两支潜流的流量较大,其在大洋环流动力学和物质输运过程中的重要性得到国际学术界肯定,相关成果被后续国际同行研究广泛采用。

我国第一个物理海洋国家基金委重点项目"太平洋西部边界流的研究"(1989—1991)立项,任项目负责人。

12月,"海洋环流与海气相互作用研究实验室"作为中科院海洋所重点实验室从海洋水文物理研究室分出,任实验室主任。

1990年

任 WOCE 第一核心工作组成员（1990—1993）。

4月5—6日，在澳大利亚霍巴特参加 WOCE 太平洋地区会议，并作有关"西太平洋环流研究进展与国际合作建议"的报告。

提出了陆架锋生上升流概念和黄海冷水团热生环流新模式。

10月，参加全国第二届海洋环境与水环境学术讨论会。

11月，在华盛顿参加 JGOFS 第五次委员会议。

1991年

8月，任中科院海洋所副所长。

10月，承担的中国科学院院内科学基金资助课题"赤道太平洋环流与中国近海环流的关系及其在大尺度海—气相互作用中的作用"（1985—1988）获得中国科学院自然科学奖二等奖。

12月，主持并开展由中国科学院海洋研究所和青岛海洋大学（现中国海洋大学）完成的"八五"国家科技攻关项目"黄东海海雾数值预报方法的研究"。该项目是继我国出版第一部海雾专著《海雾》（王彬华，1983）以后，我国首次对海雾进行比较系统全面的研究。

1992年

10月，参加西北太平洋陆架海洋通量研究国际学术讨论会，提出我国完全可以在近海，特别是黄海、东海率先进行海洋通量研究。

主持国家自然科学基金重点项目"东海陆架边缘海洋通量研究"（1992—1996），揭开了我国海洋通量研究的序幕，也是全球 JGOFS 计划中率先启动的陆架海洋通量研究项目。计算出东海的固碳能力（每年从大气吸收约430万吨碳），从而得出"东海是大气二氧化碳的弱汇区"的科学结论。

11月，作为首席科学家参加 TOGA-COARE 项目，通过此项合作，我方每条船获得价值30万美元的先进海上调查仪器设备。其间，在澳大利亚汤斯维尔 TOGA-COARE 指挥中心，作为中方代表参与协调多国海上观测试验工作。

再获中国科学院"竺可桢野外工作奖"。

1993年

作为中方首席科学家主持"中日东海物质通量联合研究"计划。

和曲堂栋建立了一个简单模式，生动直观地揭示了上升流的沉积动力机制。

1994年

2月，担任中国科学院地球科学学科专家委员会委员。

5月，赴韩国仁荷大学参加第三次国际黄海海洋科学讨论会。

1995年

3月，参加"中日东海物质通量联合研究"第四次协调会。

4月，参加LOICZ第二次开放海洋科学会议。

6月，在天津参加中美海洋和渔业科技合作联合工作组第十二次会议。

8月，参加中国科学院海洋研究所成立45周年学术报告会。

11月，召开"中日东海物质通量联合研究"学术讨论会。

担任IGBP科学委员会委员（1995—2001）。

赴澳大利亚墨尔本参加国际TOGA年会。

1996年

5月，在台湾参加"两岸及海外华人南海海洋科学研讨会"。

10月，参加在尼日利亚拉各斯召开的近海海洋物质通量研讨会。

11月，在韩国首尔大学参加温带东亚委员会会议，就东亚海岸地区研究进行发言。

12月，在墨尔本大学参加第一届WCRP项目"平流层过程和在气候中的作用"会议。

作为第一负责人和杨作升教授共同承担国家自然科学基金项目"东海

海洋通量关键过程研究"（1996—2000）。

参加西太平洋地球物理学会议关于印度尼西亚表层流讨论，就"菲律宾东部沿海西边界流前瞻"发言。

1997年

4月，参加中国民主同盟青岛市第九次代表大会和山东省第六次代表大会。

主持中科院重大项目"中国海陆海相互作用及其环境效应"（1997—2000）。

承担国家自然科学基金项目"南海上层海洋热力、动力学变异在南海季风爆发中的作用"（1997—1999）。

承担国家"973"计划二级课题"黄东海总环流形成变异及其与长江冲淡水的相互作用"。

1998年

3月，接待美国伍兹霍尔研究所专家。

11月，在厦门参加中国海洋研究委员会第六届会议暨中国海洋学研究布局学术研讨会。

任国际黄海研究学会副会长、会长。

任 *The Yellow Sea* 主编。

任 LOICZ/JGOFS 中国委员会主任委员。

1999年

5月，赴墨西哥参加 LOICZ 委员会会议。

9月，招收博士后庞重光。

10月，承担袁业立院士负责项目"中国近海环流变异机理、数值预测方法及对近海环境影响的研究"中的课题"黄东海环流主要分量及其相互作用"。2004年9月结题。初步证实南黄海夏季上层环流内为反气旋式环流，外为气旋式环流的双环结构，揭示了锋面内、外水交换极其微弱的科学事实。

2000年

1月，参加中央电视台《东方时空》节目直播，和科考船一起起航。

针对全球和中国气候变化研究状况，提出了"大三角"概念，认为中国有必要、有能力牵头，带动其他国家开展"大三角"区域海－陆－气相互作用研究，提高我国气候预报、防灾减灾能力，提升我国在国际海洋与气候研究领域的科学地位。

2001年

1月，"沿岸带海平面低频变化的模拟与预报"获国家海洋局海洋创新成果奖。

2月，《东海海洋通量关键过程》出版，系统介绍了我国20世纪90年代以前在陆架海洋通量方面取得的进展，奠定了陆架通量研究方向的学术基础。

4月，《长江、珠江口及邻近海域陆海相互作用》出版。该专著是中科院重大项目"中国陆海相互作用及其环境效应"主要成果的总结。

7月，参加全球变化开放科学会议。

11月，参加由越南河内海洋研究所和中国科学院海洋研究所共同开展的中越河口及连接区域的陆地海洋相互作用研讨会。

11月，当选为中国科学院院士。

和学生庞重光、白学志提出了一种利用悬浮物含量、垂直通量和静水沉速估算海水垂向流速的新方法，得到公认和广泛应用。

主持的"东海海洋通量关键过程研究"项目，得出了"东海是大气二氧化碳的一个汇区"的结论，并指出东海冷涡区和中陆架区具有很高的浮游植物固碳能力，是世界近岸海域平均值的3倍。

在主持的 LOICZ 研究中得出"老黄河口的泥沙是东海冷涡区和冲绳海槽软泥的主要来源，而长江的泥沙很少进入冲绳海槽"的结果。

2002年

4月，主持召开中国邻近海域碳循环学术研讨会。

7月，主持召开国际陆海相互作用学术研讨会。

10月，在中国海洋湖沼学会第八次会员代表大会暨学术年会上当选为学会理事长。

2003年

当选第十届全国人大代表。

12月16日，在广州参加中国科学院海洋科学年会。

12月23日，在青岛参加中国海洋环流研究展望学术研讨会。

2004年

5月，参加即墨一中建校100周年纪念活动并作主题演讲。

6月，参加在北京召开的"2004全球华人海洋和大气科学大会"，就全球变化相关问题答记者问。

10月，在夏威夷与美国科学家就未来西太平洋环流研究的方向进行讨论，一致认为应该发起继TOGA之后新一轮西太平洋海洋环流大型国际调查研究计划。适时提出了发起NPOCE国际合作项目的构想。

10月，参加第六届国际黄海海洋科学学术讨论会。

承担"973"项目课题"混浊水域时空分布的基本特征与生消变化规律及悬浮物运移关系"（2004—2009）。

任国际黄海研究会会长（2004—2007）、名誉会长（2007年起）。

2005年

主持完成的"重点海域内波、中尺度涡、锋面的统计特性和变化规律研究专题"获总装备部兵种部海军局优秀成果奖。

2006年

1月，参加在印度海得拉巴市举行的第7届POGO会议。就加强POGO与ESSP合作进行了阐述，指出POGO关注的是全球海洋观测问题，ESSP关注的是全球变化问题，两者应该加强联系，相互促进。

3月，在全国人大会议上，提交了《着力培养创新型人才，努力建设创新型国家》的议案，提交《关于我国科研经费配置的建议》和《关于在全社会倡导求真务实、真抓实干的作风的建议》。

10月，任中科院海洋环流与波动重点实验室学术委员会副主任。

10—11月，率团访问美国华盛顿大学、NOAA 太平洋海洋环境实验室、伍兹霍尔海洋研究所等，就热带西太平洋合作调查研究的主题和时间表交换意见，拜访导师 Carl Wunsch 教授。

青岛海洋科学与技术国家实验室（现崂山实验室）正式成为国家启动筹集的10个国家实验室之一，是该实验室的主要发起者之一。

2007年

5月，主持召开 NPOCE 研讨会，确定 NPOCE 计划重点调查研究海域和工作目标，形成了 NPOCE 科学计划基本框架。

7月，在瑞士日内瓦向 WCRP/WMO 总部介绍 NPOCE 国际合作计划，得到与会专家的一致肯定。成立 NPOCE 与 SPICE 等国际计划的特别工作组，担任联合组长。

NPOCE 国际合作计划得到3个"973"项目的支持；"吕宋以东长期海洋环流观测研究"启动。

12月，完成的"海洋环境信息获取研究"获国防科工委国防科学技术进步奖一等奖。

2008年

10月，发起、主持召开第333次香山科学会议学术研讨会，并作总述评报告《西太平洋海洋环流与气候研究的机遇与挑战》。

2009年

1月，参加 IGBP 中国委员会、WCRP 中国委员会、IGBP 全球环境变化人类因素计划中国委员会、国际生物多样性计划中国委员会联合大会，作口头报告《中国大洋环流与气候研究》。

2月，在青岛主持国家自然科学基金重大项目"太平洋低纬度西边界环流系统与暖池低频变异研究"（2009—2012，任负责人）启动会。

6月，率团赴日本东京大学和日本会议科学技术中心考察，就国家自然科学基金重大项目"太平洋低纬度西边界环流系统与暖池低频变异研究"的核心问题之一——在西太平洋5000~9000米处施放深海潜标开展深海观测与日本专家进行交流。

9月，全球海洋观测大会在意大利威尼斯召开，作为大会专题圆桌会议Imperatives for Ocean Observing in a Changing World的评述人之一出席了大会。

2010年

1月，NPOCE国际研讨会在厦门召开，和蔡文炬博士一同任会议主席。

4月，担任NPOCE科学指导委员会主席；CLIVAR科学指导委员会正式批准NPOCE为国际合作研究计划，这是中国发起的第一个海洋领域大型国际合作计划。

5月，在青岛出席NPOCE国际合作计划启动大会。

12月，"混浊水海域声探测基础研究"获国防科工委国防科学技术进步奖二等奖。

2011年

1月，在热带太平洋西边界流区成功设计、布放了两套深海测流潜标。其中，6000米深海潜标实测证实了棉兰老潜流的存在，实现了潜标直接观测的突破。

6月，在世界海洋日暨全国海洋宣传日活动庆祝大会上当选"2010年度全国十大海洋人物"。

7月，在棉兰老岛以东成功回收了2010年冬季布放的6100米深海潜标。

9月，NPOCE国际合作计划科学指导委员会会议在青岛举行，作为科学指导委员会主席主持会议。

2012年

2月，参加"973"计划"热带西太平洋海洋环流与暖池的结构特征、变异机理和气候效应"项目启动仪式暨学术研讨会。

10月，NPOCE国际开放科学研讨会在青岛召开，作为科学指导委员会主席致欢迎辞。

2013年

7月，在丽江主持召开NPOCE科学指导委员会会议。

2014年

2月，参加美国地球物理学会在夏威夷举行的海洋科学大会，作《西北太平洋西边界流研究进展与展望》的报告。

8月，在印尼雅加达参加NPOCE科学指导委员会会议。

2014—2021年，通过国家基金委共享航次计划和中科院专项资助的西太平洋航次，团队成功构建了包括30余套潜标、全面覆盖西太平洋主要环流系统的深海潜标观测网，并围绕关键断面开展了多学科综合观测。这是国际上在该海域进行的最大规模的海洋观测，标志性地确立了我国在西太平洋环流观测研究领域的国际优势地位。

2015年

6月，作为第一作者在 Nature 发表综述性文章《太平洋西边界流及其气候效应》(Pacific Western Boundary Currents and Their Roles in Climate)，这是该杂志首次刊登有关太平洋海洋环流与气候研究的综述性文章，也是中国科学家首次在这个杂志上发表海洋领域综述性文章。

2016年

3月，和"深海探测与研究平台体系建设研究集体"一同获得中科院海洋所特别奖励证书。

10月20—21日，受邀出席青岛"西太平洋海洋环流与气候：过去、现在和未来"鳌山论坛。

12月，在全国海洋科技创新大会上获国家海洋局"终身奉献海洋"纪念奖章。

2017年

3月，热带西太平洋科学观测网建成，实现深海潜标数据实时化传输。

5月，荣获2016年度山东省科学技术最高奖。

12月，"热带太平洋西边界流研究集体"荣获2017年度中国科学院杰出科技成就奖。

2018年

6月12日，担任青岛海洋科学与技术试点国家实验室第一届学术委员会副主任。

承担山东省重大科技创新工程专项"'透明海洋'战略研究"（2018—2020）。

2019年

1月，完成西太平洋深海潜标科学观测网的建设，共布放潜标30余套，实现"北斗"卫星的双向通信，建成世界首个实时传输的潜标观测阵列。

1月，出席纪念毛汉礼院士百年诞辰座谈会。

9月，出席中国科学院海洋研究所庆祝中华人民共和国成立70周年大会；参加"弘扬科学精神、树立良好作风学风"倡议书签名活动。

2020年

7月，写作文章《中科院海洋研究所从陆架走向深海大洋——庆祝中国科学院海洋研究所建所70周年》。

12月，研究团队在《物理海洋学》和《海洋系统》上发表研究成果，揭示了菲律宾以东次表层涡动能和次表层海温的季节变异规律及其机制。

2021年

5月，参加海洋环流与波动重点实验室第四届学术委员会第一次会议；宣布第一届"胡敦欣优秀青年科技奖励基金"获奖名单，为获奖者胡石建颁奖。

5月，向青岛市即墨区档案馆捐赠档案。

2022年

10月，线上参加厦门大学承办的第四届NPOCE国际开放科学研讨会。

附录二　胡敦欣论著目录

[1] 胡敦欣. 风生沿岸上升流及沿岸流的一个非稳态模式 [J]. 海洋与湖沼, 1979, 10 (2): 93-102.

[2] 胡敦欣, 丁宗信, 熊庆成. 东海北部一个夏季气旋型涡旋的初步分析 [J]. 科学通报, 1980 (1): 29-31.

[3] HU D X, LU L H, DING Z X. A study of coastal upwelling off southeastern China [J]. Kexue Tongbao (Science Bulletin), 1980, 25 (2): 159-163.

[4] HU D X. Preliminary study of a cyclonic eddy in the north East China Sea [J]. Kexue Tongbao (Science Bulletin), 1980, 25 (1-2): 57-60.

[5] WUNSCH C, HU D X, GRANT B. Mass, heat, salt, and nutrient fluxes in the South Pacific Ocean [J]. Journal of Physical Oceanography, 1983, 13 (5): 725-753.

[6] HU D X. Upwelling and sedimentation dynamics I. The role of upwelling in sedimentation in the Yellow Sea and East China Sea [J]. Chinese Journal of Oceanology and Limnology, 1984, 2 (1): 12-19.

[7] 胡敦欣, 吕良洪, 熊庆成, 等. 关于浙江沿岸上升流的成因及动力结构的研究 [J]. 海洋科学集刊, 1984 (21): 101-111.

[8] HU D X, HALPERN D. Response of the equatorial western Pacific thermohaline structure to wind variations [J]. Chinese Journal of Oceanology and Limnology, 1986, 4 (2): 119-126.

[9] HU D X, CUI M. The western boundary current in the far-western Pacific Ocean [C] // Proceeding of Western Pacific International Meeting and Workshop on TOGA-COARE. Noumea, New Caledonia, 1989: 123-134.

[10] HU D X, CUI M. The western boundary current of the Pacific and its role in climate [J]. Chinese Journal of Oceanology and Limnology, 1991, 9 (1): 1-14.

[11] HU D X. A subsurface northward current off Mindanao shown by dynamic calculation [M] // TAKANO K. Oceanography of Asian Marginal Seas (Elsevier Oceanography Series 54). Amsterdam: Elsevier, 1991: 359-365.

[12] HU D X. On the Yellow Sea cold water mass-related circulation [J]. Yellow Sea Research, 1991, 4: 79-88.

[13] QU T, HU D X. Upwelling and sedimentation dynamics Ⅱ: a simple model [J]. Chinese Journal of Oceanology and Limnology, 1993, 11 (4): 289-295.

[14] HU D X. Mindanao Undercurrent [M] // YE D, LIN H, et al. China Contribution to Global Change Studies. Beijing: Science Press, 1995: 171-172.

[15] HU D X, SAIYO Y, KEMPE S. Sediment and nutrient transport to the coastal ocean [M] // GALLOWAY J N, MELILLO J M. Asian Change in the Context of Global Change. Cambridge: Cambridge Press, 1998: 242-267.

[16] 胡敦欣, 杨作升. 东海海洋通量关键过程 [M]. 北京: 海洋出版社, 2001.

[17] HU D X, PANG C. Reexamination of the role of vertical circulation

in sedimentation in the Yellow and East China Seas [J]. Journal of Hydrodynamics, Ser B, 2001, 13 (3): 115-121.

[18] PANG C, HU D X. Upwelling and sedimentation dynamics Ⅲ: Coincidence of upwelling areas with mud patches in the north hemisphere shelf seas [J]. Chinese Journal of Oceanology and Limnology, 2002, 20 (2): 101-106.

[19] CHEN Y, HU D X. Influence of heat content anomaly in the tropical western Pacific warm pool region on onset of South China Sea summer monsoon [J]. Acta Meteorologica Sinica, 2003 (17): 213-225.

[20] HU D X, WANG Q. Interannual variability of the southern Yellow Sea cold water mass [J]. Chinese Journal of Oceanology and Limnology, 2004, 22 (3): 231-236.

[21] WANG Q, HU D X. Bifurcation of the north Equatorial Current derived from altimetry in the Pacific Ocean[J]. Journal of Hydrodynamics, Ser B, 2006, 18 (5): 620-626.

[22] 胡敦欣. 海洋在中国气候变化中的作用 [C] // 中国地球物理 2007. 青岛: 中国海洋大学出版社, 2007: 1-2.

[23] 胡敦欣. 西太平洋海洋环流与气候研究的机遇与挑战 [J]. 科学前沿与未来, 2009 (11): 118-126.

[24] HU D X, WU L, CAI W, et al. Pacific western boundary currents and their roles in climate [J]. Nature, 2015, 6 (18).

参考文献

[1] 钱伟长，孙鸿烈. 20世纪中国知名科学家学术成就概览：地学卷［M］. 北京：科学出版社，2011.

[2] 毛汉礼著作选集［M］. 北京：学苑出版社，1996.

[3] 侍茂崇，李明春，吉国. 一代宗师赫崇本［M］. 青岛：中国海洋大学出版社，2014.

[4] 山东省即墨一中志编纂委员会. 山东省即墨一中志（1904-2004）［M］. 甘肃：兰州大学出版社，2004.

[5] 张静. 中国海洋大学大事记［M］. 青岛：中国海洋大学出版社，2014.

后 记

2021年初，调任国家海洋信息中心海洋档案馆主任不久的林宁了解到一个情况，中国科协于2009年牵头开展的"老科学家学术成长资料采集工程"启动了"联合采集"方式。林宁觉得这是一个机会，他一直想着拓展海洋档案馆业务范畴，于是向国家海洋信息中心领导作了汇报。中心领导同意开展联合采集工作，并指示海洋档案馆具体落实。

林宁主任经与时任国家海洋信息中心业务发展处副处长赵锐沟通，得知赵锐在中国海洋大学上学时的舍友张林林恰好在中国科学院海洋研究所海洋环流与波动重点实验室工作，该实验室的老领导胡敦欣是中国科学院院士，他几乎每天坚持到办公室上班。后经与时任中国科学院海洋研究所综合处处长刘洋多次沟通，双方同意一起参加联合采集工程。

因为当时国内正值新冠疫情期间，加之采集人员和采集对象分别位于青岛和天津两地，为了保证采集进度，在征得中国科协创新战略研究院同意后，首次采集工作（2021年5月17—22日）在正式签署联合采集项目任务书之前就开始了。这次采集取得了丰硕的采集成果，超出了预期，也给采集小组做好胡敦欣院士资料采集工作提振了信心。采集过程中发生的几件事也令人难忘：一是为了确保采集工作顺利进行，胡敦欣院士派秘书杜湄山、马一心对每个采集点均进行了踩点和准备，帮助联系了每一位采访对象。二是在胡敦欣曾就读的即墨中学，校长王瑞华亲自接受我们的采访，学校老师兼档案员尹星在我们到达之前就根据要求准备好了能提供的所有材料。三是青岛市即墨区档案馆工作人员根据我们提供的线索，经近两个小时的检索、查询，找到了《1952年即墨中学学生移交名册》和《1956年即墨中学教职员工登记表》。

2021年6月16—19日，国家海洋信息中心（中国海洋档案馆）8名人员参加中国科协组织的采集工程培训。培训期间，林宁主任找到我说，希望我能发挥一个老同志的作用，协助他把胡敦欣院士采集工作牵头做起来，我惶恐又期待地接受了这一光荣任务。说是惶恐，主要是自己水平有限，专业也不对口，担心难以完成这一任务；说是期待，是因为当时对胡院士已有所了解，他性格随和、业绩卓著，我很想破解他们那一代科学家在新中国海洋科技水平十分落后的情况下，如何埋头苦干、奋勇向前直至成功的密码。

2021年7月22日，与中国科协创新战略研究院正式签署胡敦欣联合采集项目任务书后，由于新冠疫情影响，尽管多次申请再去青岛开展采集工作，但一直未能成行，对工作造成一定影响。不得已，8月2日，双方以视频连线的方式举行了联合采集项目启动会，胡敦欣院士、中科院海洋所综合处处长刘洋、副处长迟杰，国家海洋信息中心海洋档案馆主任林宁及双方采集工作人员参加了会议。会议讨论了采集工作具体实施计划，讨论了胡敦欣院士画传的制作工作（2021年10月20日是胡敦欣院士85岁寿辰，当时因新冠疫情影响，无法开展庆祝活动。中科院海洋所希望借助联合采集工作制作一本传记和一本画传。其中传记由《中国科学报》驻山东记者站廖洋主笔，画传由中国海洋档案馆主持编制）。8月23日，双方以视频连线方式再次举行了专题讨论会，对画传内容、结构进行了讨论。

2021年8月底，我和另一位采集小组成员李渊玮去青岛开展院士采集的出差申请终获批准（疫情期间出差人数需要尽量压缩，人数越少越容易批准）。此次青岛之行成为胡院士采集工作的转折点，因为此次的任务除资料采集外，还要编制胡敦欣画传。该画传包含了胡院士一生的成长经历，胡院士本人及家人、中科院海洋所都非常重视，尽可能提供照片和资料。在画传编制过程中，我们拜访了胡院士，就其学术成长经历、照片内容和背景等进行了咨询交流。那是我第二次近距离接触胡院士。我们一般是上午九点半至十一点、下午三点至五点去拜访（避开了他的休息和疗养时间）。他平淡的语调、祥和的神态、严谨的语言深深地吸引了我，不仅让我充分了解了他一生的研究生涯，为后面研究报告编写打下了坚实的基础。最终，王凡所长亲自作序、正文达200页的《耕海探洋：胡敦欣画传》终于在胡院士85岁生日前大功告成，并受到了亲朋好友的一致好评。

画传的成功一下拉近了双方的距离，加之我们在中国科协组织的院士采集中期评估中得到较高的评价，后面的采集工作开展就很顺利了。胡敦欣院士为我们回忆的求学经历、研究细节，他的夫人徐贤义介绍二人由相识到结婚的过程，学生王凡为《20世纪中国知名科学家学术成就概览》所写胡敦欣院士学术成就，中科院海洋所退休老职工张维久先生回忆1958年海洋综合调查的惊险情景……点点滴滴，聚沙成塔，汇集成胡敦欣院士传记写作的关键支撑。

胡敦欣学术成长资料采集属于联合采集，由国家海洋信息中心（中国海洋档案馆）、中国科学院海洋研究所共同负责。在采集过程中，中科院海洋所综合处处长刘洋、副处长迟杰，海洋环流与波动重点实验室副主任张林林，胡院士学生庞重光、胡石健，秘书杜湄山、马一心，海洋所档案负责人李瑞芳、孟媛，《中国科学报》驻山东记者站记者廖洋等都给予很多支持。国家海洋信息中心海洋权益部主任赵锐帮助联系初期采集工作，海洋档案馆主任林宁负责协调总体工作，李渊玮、马一心负责资料整理、资料长编和年表的编制工作。门翔负责采集过程中的拍摄和视频制作，岳晓峰、余林夕、王苏、陈佰川、李维杉也参与了相关工作。国家海洋信息中心石绥祥主任、李双建副主任给予了指导和大力支持。在此一并表示感谢。

胡敦欣院士胸怀祖国、一生求索的科学家精神非本书所能尽述，仅以采访过程中他本人的一句话作为本书的结语：

  我今年85岁了，天天到办公室工作，和年轻人一起开展海洋研究。曾有人问，您要研究海洋科学到多大年纪？我说：forever！

卢明生
2024年10月

老科学家学术成长资料采集工程丛书
已出版（170种）

《卷舒开合任天真：何泽慧传》　　《此生情怀寄树草：张宏达传》
《从红壤到黄土：朱显谟传》　　　《梦里麦田是金黄：庄巧生传》
《山水人生：陈梦熊传》　　　　　《大音希声：应崇福传》
《做一辈子研究生：林为干传》　　《寻找地层深处的光：田在艺传》
《剑指苍穹：陈士橹传》　　　　　《举重若重：徐光宪传》

《情系山河：张光斗传》　　　　　《魂牵心系原子梦：钱三强传》
《金霉素・牛棚・生物固氮：沈善炯传》《往事皆烟：朱尊权传》
《胸怀大气：陶诗言传》　　　　　《智者乐水：林秉南传》
《本然化成：谢毓元传》　　　　　《远望情怀：许学彦传》
《一个共产党员的数学人生：谷超豪传》《没有盲区的天空：王越传》

《含章可贞：秦含章传》　　　　　《行有则　知无涯：罗沛霖传》
《精业济群：彭司勋传》　　　　　《为了孩子的明天：张金哲传》
《肝胆相照：吴孟超传》　　　　　《梦想成真：张树政传》
《新青胜蓝惟所盼：陆婉珍传》　　《情系梁菽：卢良恕传》
《核动力道路上的垦荒牛：彭士禄传》《笺草释木六十年：王文采传》

《探赜索隐　止于至善：蔡启瑞传》《妙手生花：张涤生传》
《碧空丹心：李敏华传》　　　　　《硅芯筑梦：王守武传》
《仁术宏愿：盛志勇传》　　　　　《云卷云舒：黄士松传》
《踏遍青山矿业新：裴荣富传》　　《让核技术接地气：陈子元传》
《求索军事医学之路：程天民传》　《论文写在大地上：徐锦堂传》

《一心向学：陈清如传》　　　　　《铃记：张兴钤传》
《许身为国最难忘：陈能宽传》　　《寻找沃土：赵其国传》

《钢锁苍龙　霸贯九州：方秦汉传》　　《虚怀若谷：黄维垣传》
《一丝一世界：郁铭芳传》　　　　　　《乐在图书山水间：常印佛传》
《宏才大略　科学人生：严东生传》　　《碧水丹心：刘建康传》

《我的气象生涯：陈学溶百岁自述》　　《我的教育人生：申泮文百岁自述》
《赤子丹心　中华之光：王大珩传》　　《阡陌舞者：曾德超传》
《根深方叶茂：唐有祺传》　　　　　　《妙手握奇珠：张丽珠传》
《大爱化作田间行：余松烈传》　　　　《追求卓越：郭慕孙传》
《格致桃李半公卿：沈克琦传》　　　　《走向奥维耶多：谢学锦传》
《躬行出真知：王守觉传》　　　　　　《绚丽多彩的光谱人生：黄本立传》
《草原之子：李博传》

《此生只为麦穗忙：刘大钧传》　　　　《探究河口　巡研海岸：陈吉余传》
《航空报国　杏坛追梦：范绪箕传》　　《胰岛素探秘者：张友尚传》
《聚变情怀终不改：李正武传》　　　　《一个人与一个系科：于同隐传》
《真善合美：蒋锡夔传》　　　　　　　《究脑穷源探细胞：陈宜张传》
《治水殆与禹同功：文伏波传》　　　　《星剑光芒射斗牛：赵伊君传》
《用生命谱写蓝色梦想：张炳炎传》　　《蓝天事业的垦荒人：屠基达传》
《远古生命的守望者：李星学传》

《善度事理的世纪师者：袁文伯传》　　《化作春泥：吴浩青传》
《"齿"生无悔：王翰章传》　　　　　　《低温王国拓荒人：洪朝生传》
《慢病毒疫苗的开拓者：沈荣显传》　　《苍穹大业赤子心：梁思礼传》
《殚思求火种　深情寄木铎：黄祖洽传》《仁者医心：陈灏珠传》
《合成之美：戴立信传》　　　　　　　《神乎其经：池志强传》
《誓言无声铸重器：黄旭华传》　　　　《种质资源总是情：董玉琛传》
《水运人生：刘济舟传》　　　　　　　《当油气遇见光明：翟光明传》
《在断了A弦的琴上奏出多复变　　　　《微纳世界中国芯：李志坚传》
　　最强音：陆启铿传》　　　　　　　《至纯至强之光：高伯龙传》

《弄潮儿向涛头立：张乾二传》
《一爆惊世建荣功：王方定传》
《轮轨丹心：沈志云传》
《继承与创新：五二三任务与青蒿素研发》

《材料人生：涂铭旌传》
《寻梦衣被天下：梅自强传》
《海潮逐浪　镜水周回：童秉纲口述人生》

《淡泊致远　求真务实：郑维敏传》
《情系化学　返璞归真：徐晓白传》
《经纬乾坤：叶叔华传》
《山石磊落自成岩：王德滋传》
《但求深精新：陆熙炎传》
《聚焦星空：潘君骅传》

《采数学之美为吾美：周毓麟传》
《神经药理学王国的"夸父"：金国章传》
《情系生物膜：杨福愉传》
《敬事而信：熊远著传》

《逐梦"中国牌"心理学：周先庚传》
《情系花粉育株：胡含传》
《情系生态：孙儒泳传》
《此生惟愿济众生：韩济生传》
《谦以自牧：经福谦传》

《恬淡人生：夏培肃传》
《我的配角人生：钟世镇自述》
《大气人生：王文兴传》
《历尽磨难的闪光人生：傅依备传》
《思地虑粮六十载：朱兆良传》

《世事如棋　真心依旧：王世真传》
《大地情怀：刘更另传》
《一儒：石元春自传》
《玻璃丝通信终成真：赵梓森传》
《碧海青山：董海山传》

《心瓣探微：康振黄传》
《寄情水际砂石间：李庆忠传》
《美玉如斯　沉积人生：刘宝珺传》
《铸核控核两相宜：宋家树传》
《驯火育英才　调土绿神州：徐旭常传》

《追光：薛鸣球传》
《愿天下无甲肝：毛江森传》
《以澄净的心灵与远古对话：吴新智传》
《景行如人：徐如人传》

《通信科教　乐在其中：李乐民传》
《力学笃行：钱令希传》
《与肿瘤相识　与衰老同行：童坦君传》

《没有勋章的功臣：杨承宗传》　　　《科学人文总相宜：杨叔子传》

《百年耕耘：金善宝传》　　　　　　《一生情缘植物学：吴征镒传》
《耕海踏浪谱华章：文圣常传》　　　《一腔报国志　湿法开金石：
《守护女性生殖健康：肖碧莲传》　　　　陈家镛传》
《心之历程：夏求明传》　　　　　　《"卓"越人生：卓仁禧传》
《仰望星空：陆埮传》　　　　　　　《步行者：闻玉梅传》
《拥抱海洋：王颖传》　　　　　　　《潜心控制的拓荒人：黄琳传》
《爆轰人生：朱建士传》

《献身祖国大农业：戴松恩传》　　　《一位"总总师"的航天人生：
《中国铁路电气化奠基人：曹建猷传》　　任新民传》
《一生一事一方舟：顾方舟传》　　　《扎根大地　仰望苍穹：
《科迷烟云：胡皆汉传》　　　　　　　　俞鸿儒传》
《寻找黑夜之眼：周立伟传》　　　　《锻造国防"千里眼"：毛二可传》
《泽润大地：许厚泽传》　　　　　　《地学"金钉子"：殷鸿福传》

《锲而不舍　攀登不息：　　　　　　《经年铸剑垂体瘤：史轶蘩传》
　　於崇文传》　　　　　　　　　　《氟缘笃志：陈庆云传》
《摘取皇冠上的明珠：林浩然传》

《铮铮有声：保铮传》　　　　　　　《中国光学事业的基石：
《领航 AI　启智润心：张钹传》　　　　王之江传》
《再上一个高度：张恭庆传》　　　　《为水之昌明：刘昌明传》